교황님 기도 네트워크

기도의 사도직

교황님 기도 네트워크
기도의 사도직

Pope's Worldwide Prayer Network
– Apostleship of Prayer

성경·교회문헌 ⓒ 한국천주교중앙협의회. 2022.
교회 인가 서울대교구 2021년 12월 9일
초판 1쇄 발행 2022년 2월 23일

편 저 손우배
감 수 송봉모
발행인 김용수

펴낸곳 (주)도서출판 하우
주 소 서울시 중랑구 망우로68길 48
전 화 (02)922-7090
홈페이지 http://www.hawoo.co.kr
e-mail hawoo@hawoo.co.kr
등록번호 제475호

ISBN 979-11-6748-033-0 03230

값 7,000원

이 책은 저작권법에 따라 보호받는 저작물이므로 무단 전재와 무단 복제를 금지하며,
이 책 내용의 전부 또는 일부를 이용하려면 반드시 저작권자의 서면 동의를 받아야 합니다.

교황님 기도 네트워크
기도의 사도직

Pope's Worldwide Prayer Network
- Apostleship of Prayer

손우배 편저
송봉모 감수

예수회 한국관구

 **차례**

출판에 부쳐 ___ 9

1. 들어가기 ___ 12
2. '기도의 사도직' 개요 ___ 14
3. '기도의 사도직' 조직 ___ 24
4. '기도의 사도직' 역사 ___ 26

  1) 탄생 ___ 26
  2) 기도의 사도직 ___ 28
  3) 교회 내 확산 ___ 33
  4) 교황님 기도지향 ___ 35
  5) 현재 및 한국 현황 ___ 36

5. 청소년성체운동 Eucharistic Youth Movement ___ 39

1) '청소년성체운동' 개요 ___ 39
2) '청소년성체운동' 역사 ___ 41
3) '청소년성체운동' 영성 ___ 44

6. '기도의 사도직' 영성 ___ 47

1) 평범한 일상의 삶에서 하느님의 현존을 찾음 ___ 47
2) 예수성심과의 인격적 만남 ___ 54
3) 일상에서의 보편 사제직 ___ 55
4) 일상의 삶을 봉헌함 ___ 58
5) 일상을 그리스도의 사도로 살아감 ___ 62
6) 사도들의 어머니이신 마리아 ___ 65
7) 양심성찰 ___ 66

8) 매월 교황님 기도지향 _____ 73

9) '기도의 사도직' 영성 정리 _____ 77

10) 이냐시오 영성과 '기도의 사도직' _____ 80

11) '기도의 사도직' 전대사 _____ 94

7. 마음의 길, Way of the Heart _____ 96

1) 마음의 길, '기도의 사도직' _____ 96

2) 마음의 길, Way of the Heart _____ 102

1단계 태초에 사랑이 있었다 _____ 102

2단계 불안하고 궁핍한 인간의 마음 _____ 104

3단계 부서진 세상 _____ 106

4단계 구원을 위해 성부께서 성자를 보내시다 _____ 107

5단계 우리를 친구로 부르시다 _____ 109

6단계 그리스도께서 우리 안에 머무르시다 _____ 111

7단계 그분을 따르며 우리의 삶을 봉헌하다 _____ 113

8단계 연민의 사명 _____ 116

9단계 인류의 긴박한 요구에 주목하는 기도와 봉사의 범세계적 네트워크 _____ 119

3) 인류가 직면한 도전과 교회의 사명 _____ 121

8. 예수성심 신심 ___ 124

1) 그리스도교 영성의 심연(深淵), 예수성심 ___ 124

2) 예수성심의 역사 ___ 128

3) 예수성심과의 인격적 만남 ___ 133

4) 주님 사랑 안에 머물다 ___ 138

5) 어떻게 예수성심의 사랑을 체험할 수 있을까? ___ 141

   영성의 필수적 요소, 의지 ___ 144

6) 예수님의 마음을 위로해드림 ___ 148

   첫째, 그분의 마음을 공감하며 함께 하다 ___ 149

   둘째, 그분의 사랑을 잊지 않고 기억하다 ___ 151

   셋째, 일상의 십자가를 사랑하다 ___ 153

   넷째, 회심의 삶을 살아가다 ___ 155

   다섯째, 사랑을 사랑의 마음으로 응답 드리다 ___ 157

7) 예수성심 영성의 요점 ___ 159

8) 예수성심과 성모성심 ___ 160

   영원한 도움의 성모님 ___ 161

9) 예수성심과의 일치는 나 자신과의 일치요, 형제와의 일치이다 ___ 164

10) 예수님께서 돌아가신 후, 누가 예수님 곁에 남아있었나?
_____ 168

9. 예수성심 수호대 _____ 171

10. 회원 가입 및 의무 _____ 174

1) 회원 가입 _____ 174

2) 회원 의무 _____ 177

3) 기도와 함께하는 일상의 삶 _____ 179

- 아침기도 With Jesus in the morning _____ 179
- 낮기도 With Jesus during the day _____ 181
- 저녁기도 With Jesus at night _____ 183

11. '기도의 사도직' 프로그램 _____ 185

12. '기도의 사도직' 정례모임 _____ 190

13. '기도의 사도직' 회원 양성 프로그램 _____ 194

출판에 부쳐

제2차 바티칸 공의회에서는 변화된 시대를 맞아 교회 내 평신도의 역할을 강조하였다. 각 수도회가 고유한 소명을 가지고 있듯이, 평신도는 평신도만의 고유한 소명이 있다. 그것을 찾아야 한다.

어떻게 일상과 신앙을 통합하여 살아갈 수 있을까? 그것을 우리는 "모든 것 안에서 하느님을 찾는 Finding God in all things" 이냐시오 영성에서 찾을 수 있다. "세상은 우리가 하느님을 옮겨야 할 장소가 아니라, 하느님은 이미 그곳에 계시기 때문이다. 이냐시오 성인은 성당 안에서 그리고 우리 삶의 자리에서 하느님을 찾음으로써 양편을 가르고 있는 벽을 허물었다."(토마스 H. 그린) 따라서 우리는 세상 안에 파견된 사도로서 교회와 함께 일상에서 그리스도의 사명을 이어가고 하느님 나라를 건설하는 것이다.

'기도의 사도직'은 세상에서 일상의 삶을 그리스도의 사도로서 살아가는 구체적인 방법을 제시하는 평신도 영성이다. 이는 평신도가 세례성사와 성체성사의 삶을 일상에서 살아가며 평신도의 보편 사제직을 실현하는 것이다. 따라서 '기도의 사도직'은 평신도 양성 프로그램이며, 특별히 영신수련 후속 프로그램으로 이냐시오 영성을 일상의 삶에서 살아가는 것이다.

물론 이러한 것들은 우리의 궁극적인 이상일 것이다. 일반적으로 회심이 단번에 일어나기보다 끊임없이 지속해야 하는 작업인 것처럼, 우리는 이러한 이상을 향해 그분께 의탁하며 힘을 다해 나아가는 것이다. 하느님께서는 우리를 어린아이처럼, 학생처럼 끊임없이 가르치시기 때문이다. 이를 위해 우리는 무엇보다 예수님과의 인격적 만남이 필요하며, 그것이 바로 예수성심과의 만남이다.

이 책은 2014년에 작성된 '기도의 사도직' 문헌과 관련 자료 그리고 개인적인 성찰을 편집한 것이다. 따라서 일부

겹치는 내용이 있음을 알린다. 편집에 도움을 준 최준열 신부와 번역을 도와준 박병훈 수사, 이경용 신부에게 감사하며, 감수를 해주신 송봉모 신부님, 교정을 도와준 김자영 오틸리아 자매 그리고 표지 그림을 그려준 김유라 페드라 자매에게 감사의 말을 전한다.

아무쪼록 이 책을 통해 한국 교회에 평신도 영성이 뿌리내릴 수 있기를 자비하신 예수성심께 간절히 기도드린다.

2021년 11월 21일
예수 그리스도 왕 대축일에
예수회 손우배 신부

'기도의 사도직'은 일상과 신앙을 통합하는 평신도 영성으로,
일상의 삶을 예수성심께 봉헌하고 '기도의 사도'가 되어
하느님의 사랑을 세상에 전하는 전 세계 신자들의 영적 네트워크이다.

1. 들어가기

교황님 기도 네트워크(기도의 사도직)는 1844년 프랑스의 한 예수회 신학교에서 시작되었으며, 현재는 98개국 3천 5백만 명의 신자들이 함께하고 있는 교황청 소속 기관이다. 전 세계 6개의 지역구(유럽, 아프리카, 남미, 북미, 아시아-태평양, 인도)가 있으며, 한국이 속한 아시아-태평양 지역구에는 일본, 중국-대만, 호주, 필리핀, 인도네시아, 베트남 등 12개국이 포함되어있다. 각 지역구에서는 2년마다 로마 총책임자와 함께 국가별 책임자와 협력자들이 모여 회의를 하고 있다. 특별히 지난 2019년 6월 28일에는 로마 바티칸에 있는 바오로 6세 홀에서 프란치스코 교황님과 함께 전 세계에서 모인 6천여 회원들이 설립 175주년 기념

행사를 가졌다.

교황님은 예수님의 마음으로 세상을 바라보시면서, 교회와 인류가 직면한 긴박한 문제와 상황에 따라 매월 기도 지향을 전 세계 신자들이 함께 기도하도록 요청하신다. 따라서 '기도의 사도직' 회원들은 기도하는 사람들이며, 교회의 사명과 함께 하는 사람들이며, 언제든 교황님의 긴급한 요청에 따라 기도하는 교황님 친위의 기도 단체로서 전 세계적인 기도 네트워크이다.

'기도의 사도직' 회원들은 매일 아침 예수성심께 그날 하루의 일상을 봉헌하고 그분의 성심과 하나 되어 성체성사의 삶을 살아간다. 이것은 예수성심을 찾아 길을 떠나고 그분의 사랑을 마음에 지니고 세상으로, 내 일상으로 파견되는 여정이다.(Way of the Heart) 따라서 회원들은 예수님과의 인격적 만남을 통해 그분 사랑 안에 머물며 그분께 내 사랑을 드리고, 상처받으신 그분의 마음과 함께하며 그분의 마음을 위로해드리고, 예수님의 마음으로 세상에 파견되는 것이다.

'기도의 사도직'은 일상과 신앙을 통합하는 평신도 영성으로, 일상으로 파견된 회원들은 각자에게 주어진 평범한 일상의 삶에서 하느님의 현존을 찾는다.(Finding God in our ordinary life) 따라서 회원들은 일상을 '기도의 사도'로 살아가며, 제2차 바티칸 공의회에서 언급한 평신도의 보편 사제직을 살아가는 것이다.

2. '기도의 사도직' 개요

기도의 사도직은 일상의 삶을 사도적으로 살고자 하는 그리스도교 신자들의 전 세계적인 네트워크로, 회원들은 매일 봉헌기도를 통해 하루 일상의 삶을 예수성심께 봉헌하고 미사성제에 현존하시는 그리스도의 희생과 일치하여 일상에서 성체성사의 삶을 살아가는 평신도 영성이다. 그리하여 회원들은 일상의 삶에서 하느님의 현존을 찾고(Finding God in our ordinary life), 활동 중 관상(Contemplation in Action)을 살아가며, 신앙과 일상을 통합(Living in prayer)한다. 이는 곧 우리와 같은 평범한 일상의 삶을 사셨던 공생활 이전 나자렛 예수의 삶을 살아가는 것이다.

기도의 사도직은 1844년 프랑스 중남부 발(Vals)에 있는 예수회 신학교 신학생들이 그들의 일상을 예수성심께 봉헌하며 시작되었다. 서품 후 인도 선교가 예정되었던 신학생들이 학업보다는 빨리 인도에 가고 싶은 마음에 도서관에서 관련 서적을 읽는 데 많은 시간을 보내는 것을 보고, 영적 지도신부였던 고트를레(Francis Xavier Gautrelet)는 다음과 같이 말했다.

> "지금 여기서 그리스도의 사도가 되십시오. 기도의 사도들이 되십시오! 주님께서 바라시는 영혼들의 구원을 위해 그리고 하느님 나라의 전파를 위해 우리 주님의 성심과 일치하여 매일 여러분들이 행하는 일상의 모든 것들을 바치십시오."

고트를레 신부는 미사를 통해 매번 새롭게 기념되는 그리스도의 희생과 일치하여 그들의 기도, 학업, 일, 휴식 그리고 어려움과 고통까지도 예수성심께 봉헌하며 모든 자리에서 선교사로 살아가야 함을 강조하였다. 이런 생각은 급속히 교회 안에 퍼지게 되었고, 기도와 활동의 사도적 영성으로 발전하게 되었다.

우리가 일상에서 그리스도의 사도로 살아가기 위해서는

무엇보다 예수님과의 인격적 관계가 형성되어야 한다. 그리스도교는 2000년 전 나자렛에서 살았던 예수라는 사람에게서 비롯되었기에, 우리 그리스도인들은 반드시 그 사람을 만나야 한다. 그분과의 인격적인 만남이 있어야 한다. 우리의 삶은 그분 사랑 안에 뿌리내릴 때, 비로소 참된 열매를 맺을 수 있다. "너희는 내 사랑 안에 머물러라."(요한15,9) 가지가 나무에 붙어있으면 열매는 저절로 열리게 되어 있다. 가지가 나무에 붙어있는 것이 바로 예수님과의 인격적 친밀감이다. 따라서 예수님 사랑 안에 머문다는 것은 우리 신앙에서 중요한 요소이다. 그리하여 회원들은 일상을 사랑 가득히 살아가며, 자신뿐만이 아니라 이 세상을 예수성심께 봉헌하고 그분의 사랑을 세상에 전하게 된다. 주님과의 인격적 만남을 위해서는 무엇보다 의지와 갈망 그리고 지속적인 기도가 필요하며 이냐시오의 복음 관상에 따른 묵상은 훌륭한 도구가 될 수 있다. 기도를 통해 우리에게 반드시 일어나야 하는 것이 바로 회심이며, 회심은 일반적으로 단번에 일어나기보다는 지속적인 정화의 작업이다.

그리하여 '왕의 사제직'(1베드로 2,9)으로 부름을 받은 평신도들은 예수 그리스도의 사명에 능동적으로 협력하여 일상의 삶을 사도적으로 살아간다. 이는 세상 구원을 위해 그리스도와 하나 되어, 제2차 바티칸 공의회에서 언급한 평신도의 보편 사제직을 일상에서 살아가는 것이다.

> "무엇보다 일상의 활동에서 이러한 봉헌을 가정이나 직장에서의 일, 기도, 휴식 그리고 여러 가지 긴장, 고통, 희생으로 확대해 나아가는 것이 중요하다. 이것은 바로 평신도들이 '자신들의 세상을 하느님께 봉헌하는' 것이다."(제2차 바티칸 공의회 「교회에 관한 교의 헌장 - 인류의 빛」 34항)

이렇듯 기도의 사도직은 부활하신 예수님의 벗이 되어 일상의 삶에서 예수 그리스도의 제자로, 사도로 살아가며 기도와 활동을 통해 예수 그리스도의 사명을 함께 하는 평신도 영성이다. 따라서 비오 12세 교황은 기도의 사도직을 '그리스도인의 가장 완전한 삶의 양식'이라고 말했다.

기도의 사도직이 구성되고 얼마 되지 않아 예수성심에 각별했던 라미에르(Henri Ramière) 신부는 이 단체의 책임을 맡으면서 예수성심과 온전히 합치된 것으로 기도의 사도직이 있음을 알게 되었다. 예수성심께 대한 신심은 우리를 그리스도의 내적 삶으로 인도하고 그 내적 삶을 함께 나누게 할 뿐만 아니라 교회에 전하는 일에 참여하기에, 예수성심의 신심은 본질적으로 사도적이며 기도의 사도직 취지와 부합하기 때문이다.

1861년 성심의 메신저(The Messenger of the Sacred Heart)가 처음으로 출간되었는데, 이 잡지는 예수성심께 대한 공경을 고무하면서, 신자들이 보편교회의 필요를 인식할 수 있도록 독려하려는 것이었다. 이에 교황 레오 13세는 1890년 매월 특정한 기도지향을 제안하였고, 교황 비오 11세에 의해 1928년부터 선교지향도 함께 신자들이 기도하도록 권고되었다.

1944년 기도의 사도직 100주년을 기념하면서, 교황 비오 12세는 "이는 신자들이 함께 드리는 기도이기에 영혼들을 구원할 가장 힘 있는 수단 중의 하나"라고 언급하시며 기도의 사도직에 대해 하느님께 특별히 감사를 드렸다. 그러면서 교황은 기도의 사도직 회원들에게 다음과 같이 말했다. "교회의 필요를 위해 끊임없이 기도하고, 매일 봉헌을 통해 그 필요들을 충족시켜 가십시오."

교황 요한 바오로 2세는 1994년 기도의 사도직 설립 150주년 기념에 즈음하여 이렇게 적고 있다.

"세상의 많은 분야에서 세속화가 급속히 진행되고 있는 삼천년기가 다가오면서, 기도의 사도직 회원들이 새 복음화의 봉사에 얼마나 긴급하게 투신해야 하는지가 분명해졌습니다. 그리스도께서 가난한 이들에게 복음을 선포하러 오셨듯이 기도의 사도직은 미사를 중심으로 한 신심에 언제나 마음을 다하여야 합니다. 지난 150년 동안 사람들에게 자신들의 삶이 하느님께서 당신 나라를 이룩하시는데 얼마나 가치 있는 것인지를 새롭게 인식하게 함으로써, 기도의 사도직은 매우 중요한 봉사를 해왔습니다."

그러면서 요한 바오로 2세는 "매일 아침에 봉헌기도를 드리는 것은 신자들 각자나 모든 이들의 삶에 있어 근원적이고 가장 중요한 것이어야 합니다"라고 언급하였다.

한편 어린 시절 기도의 사도직 회원이었던 비오 10세 교황은 어린이들을 성체성사에 참여하도록 독려하였는데, 이를 잘 준비할 수 있도록 '성체성사 십자군'(Eucharistic Crusade)이 프랑스에서 결성되었다. 이는 곧 기도의 사도직에 편입되어 지금까지 '청소년성체운동'(Eucharist Youth Movement)이라는 이름으로 기도의 사도직 청소년 모임으로 활동하고 있다.

그동안 기도의 사도직은 교황님께서 예수회에 위임한 사도직으로 운영되어 오다가, 2016년 교황 프란치스코는 이 조직을 교황청 산하 단체로 흡수하여 '교황님 기도 네트워크(Pope's Worldwide Prayer Network)'로 명칭을 변경하고 교황청 소속 기관이 되었다. 2021년 현재 기도의 사도직은 전 세계 98개국 3천5백만 명의 회원이 함께하고 있

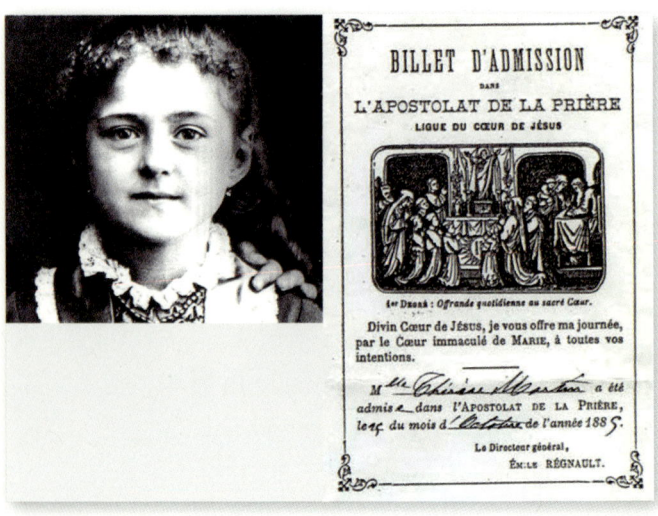

다. 한편, 1989년, 프랑스 리지외 가르멜 수녀원 고문서실에서 1885년 작성된 아기 예수의 성녀 데레사의 기도의 사도직 회원증이 발견되었다. 소화 데레사 성녀가 생전에 소소한 일상의 가치를 찾고, 교회의 딸로서 교회와 함께 기도하였던 것이 바로 기도의 사도직 영성이다. 그 후 성녀는 성 프란치스코 하비에르와 함께 기도의 사도직 수호성인이 되었다.

기도의 사도직 회원들은 예수성심의 지상 대리자이신 교황님의 마음에 따라 전 세계 모든 교회 구성원들과 함께 '매월 교황님 기도지향'을 기도드리며, 교황님의 기도지향에 우리의 기도와 삶을 통합한다. 이는 자신의 구원뿐만 아니라 이 세상의 구원을 위해 함께 기도하며 예수님의 마음으로 세상을 바라보는 것이다. 그러므로 회원들은 전 세계 기도의 사도직 회원들과 함께 교황님 친위 기도 단체의 일원으로 헌신하며, 교회와 인류가 직면한 도전과 긴박한 상황에 따라 기도하고 교회의 사명과 함께 하는 전 세계적인 기도 네트워크이다. 교황 요한 바오로 2세께서 1985년에 언급하였듯이, 기도의 사도직은 "교황의 마음에서 그리고 궁극적으로는 그리스도의 성심으로부터 흘러나오는 귀중한 보배"인 것이다.

프란치스코 교황께서는 2019년 6월 28일 기도의 사도직(교황님 기도 네트워크) 설립 175주년을 맞아 바티칸 바오로 6세 홀에서 열린 기념행사에서 다음과 같이 말했다.

"기도는 우리의 마음을 통해 예수님의 마음 안으로 들어가는 것입니다. 기도를 통해 우리는 그분과 친밀한 인격적 만남을 하게 됩니다. 또한 기도는 복음을 깨닫고 증거하는 데 매우 중요한 수단입니다. 우리 모두는 주변 형제자매들의 구체적인 삶에 헌신하도록 불림을 받았습니다. 우리는 그들을 위해 기도하고, 그들의 기쁨과 고난을 기도 안에서 함께 하는 것입니다. 따라서 우리는 기도를 통해 육체적, 정신적, 영적 고통을 받는 형제자매를 위해 우리의 마음을 열도록 하는 요청에 응답합니다.

기도의 사도직 회원들은 그분과 함께 교회 사명의 중심인 기도하는 사람들입니다. 교회의 사명은 기도입니다. 기도는 결코 현실로부터 우리를 분리하는 것이 아니라, 오히려 하느님의 빛으로 현실의 사건들을 해석하도록 우리를 돕습니다. 기도는 삶을 살아가는 데 없어서는 안 됩니다. 따라서 회원들을 세상의 평화를 위해, 오늘날 인류가 직면한 중대한 도전을 위해 기도합니다.

명심하십시오. 교회의 중요한 사명은 기도입니다. 기도를 통해 우리는 많은 일을 할 수 있습니다. 그러나 기도하지 않는다면 아무것도 이룰 수 없습니다. 우리 모두 마음으로 기도합시다!"

Pope's Worldwide Prayer Network
– Apostleship of Prayer

3. '기도의 사도직' 조직[1]

교황님 기도 네트워크(기도의 사도직)는 교황청 소속 기관으로 그 조직은 아래와 같다.

기본적으로 총책임자(International Director)와 국가별 책임자(National Director)가 청소년성체운동(Eucharistic Youth Movement)을 포함하여 전체를 관리한다.

---

1. 청소년성체운동(Eucharistic Youth Movement)은 175년이 지나는 동안 일부 지역에서는 독립적으로 운영되어왔다. 따라서 2018년 교황청으로부터 승인된 교황님 기도 네트워크(기도의 사도직) 규정에는 이러한 조직들을 모두 포함하여 작성되었으나, 별도의 다른 조직이 없는 한국에서는 기본 조직 형태인 로마 본부 직속 단체로 규정하였다.

총책임자는 예수회 총장 신부가 추천한 후 교황이 임명한다.

총책임자의 추천으로 예수회 총장 신부는 5인의 지역구 코디네이터(National Coordinators)를 임명한다.

국가별 책임자는 총책임자가 예수회 지역 장상의 추천을 받아 임명하고, 지역 주교회의의 승인을 받는다.
국가별 책임자는 사제, 수도자, 평신도 협력자로 구성된 국가별 사무소를 둔다.

교구 책임자(Diocesan Director)는 각 지역 교구장이 임명하고 국가별 책임자에게 통보한다. 교구 책임자는 교구 사무소를 설치하고 지역별, 본당별, 단체별 책임자를 임명한다.

교회 내 단체나 공동체가 교황님 기도 네트워크나 청소년성체운동에 소속되기 위해서는 국가별 책임자 또는 교구 책임자의 승인이 필요하다.

4. '기도의 사도직' 역사[2]

1) 탄생

기도의 사도직은 1844년 프랑스 중남부 도시 발(Vals-près-le-Puy)에 있는 예수회 양성공동체에서 시작되었다. 당시 예수회 신학생들의 영적 지도를 담당했던 고트를레(Francis Xavier Gautrelet, S.J.) 신부는 신학생들에게 일상 안에서 그리스도와 일치를 이루는 사도이자 선교사로 살아가는 방법을 제안했다. 그 시작은 인도 남부의 마두라이에서 선교사로 활동하던 예수회 사제들이 프랑스로 일시 귀국하여 자신들이 공부했던 신학교를 방문하면서였다. 그들은 신학생들에게 복음이 필요한 선교지의 많은 사람들과 상황에 대해 자신들의 체험을 열정적으로 나누었고 신학생들은 그들의 열정과 선교 활동에 고무되었다. 그러나 동시에 실망과 낙담에 빠졌는데, 그들이 서품을 받고 선교지로 파견될 때까지 아직 긴 시간 동안 거쳐야 할 과정이 많이 남아있기 때문이다. 학업은 끝이 없어 보였고

---

2 「The history of the Apostleship of Prayer」 *Recreation of the Apostleship of Prayer* Document 2, 박병훈 譯, Rome, 2014.

시험은 의미를 찾을 수 없었으며 공동체에서 보내는 시간은 지루하게 느껴졌다. 기도는 판에 박힌 듯 반복되었고, 자신들이 있는 지역에서 행하는 사도직은 보잘것없어 보였다. 그래서 그들은 도서관에서 인도에 관한 서적을 읽으며 많은 시간을 보내면서 학업에는 점점 소홀해졌다. 이렇게 신학생들이 좌절감을 체험하고 있던 상황에서 일상의 의미를 새롭게 찾을 수 있는 고트를레 신부의 제안이 있었다.

1844년 12월 3일, 미사를 집전하던 고트를레 신부는 프란치스코 하비에르 성인이 예수 그리스도를 따르기 위해 자신의 삶을 봉헌하였음을 언급하면서 다음과 같이 말했다. "오늘 하비에르를 기념하는 의미가 무엇입니까? 하비에르는 중국 해안에 도달했고 수많은 시련을 감내했습니다. 예수님의 열정적인 사랑에 감동을 받아 그렇게 한 것입니다. 오늘날 우리 역시 우리가 처한 각자의 상황에서 그리스도인에게 부여된 동일한 사명을 수행해야 합니다. 아시아가 아닌 바로 이곳 양성공동체에서 그 사명을 수행해야 합니다. 이것은 하비에르가 했던 바로 그 선택이며 그리스도께서 주시는 동일한 부르심이자 동일한 사랑이고 동일한 사명입니다. 그것이 다른 시대에, 다른 방식으로 이루어질 뿐입니다." 고트를레 신부는 매일 그들이 해야 할 일상의 의무를 잘 수행하도록 예수님께 자신을 내어 드리며 오늘 하루 그들이 행하는 모든 것들을 그분께 봉헌함으로써, 지금 이 자리에서 선교사가 되라는 초대를 했다. 그들은 무엇보다 학생이기에 자신들의 학업에 열중하고 평범한 일상에서 행하는 일들이 그들의 사명인 것이다. 그것이 하느님께서 지금 여기서 내게 원하시는 것이며, 자신들이 있는 자리에서 하느님 나라를 건설하는 것이다.

2) 기도의 사도직

고트를레 신부는 자신의 제안을 '기도의 사도직'이라고 명명하며, 일보다 더욱 중요한 것은 그들이 하는 일을 사랑으로 봉헌하는 것이라고 말했다. "중요한 것은 더 많이 일하는 것이 아니라 더 많이 사랑하는 것입니다. 하느님과 이웃을 사랑하는 마음으로 일상적인 일들을 하느님께 봉헌하고 인류 구원을 위해 자신의 삶을 끊임없이 내어주고 계시는 그리스도와 일치해야 합니다. 만일 우리가 선교사로 살아가고 있는 이들처럼 자기희생을 통해 사랑의 마음을 지니고 살아간다면, 우리의 일상적인 삶 역시 선교사들의 삶과 동일한 가치를 지니며 교회의 사명과 함께하는 것입니다."

"우리가 사소한 일에서조차 주님의 성심과 일치한다면, 우리의 삶은 열정적인 선교사들의 삶처럼 사도적이 될 것입니다. 우리는 예수님을 향한 사랑이 지속적으로 새로워지길 바라며 날마다 사도적 유용성을 새롭게 하며 투신하는 내적 태도를 지녀야 합니다. 주님 성심의 사랑이 우리를 선택했으므로, 우리가 받은 큰 선물에 감사드리며 주님께서 지금 우리에게 원하시는 것을 행할 수 있도록 마음을 준비하고 관대하게 응답해야 합니다."

이러한 마음을 지속적으로 유지하기 위해 고트를레 신부가 제안한 특별한 방법은 매일 아침 그날 하루를 예수성심께 봉헌하는 기도를 바치는 것이었다. 아침 봉헌기도를 통해 오늘 하루 전체가 주님을 위한 것이 되리라는 원의와 의지를 드러내는 것이다. 고트를레 신부는 그들이 이미 체험한 성 이냐시오의 영신수련에서 언급하였듯이 "영혼들의 구원을 위해, 무질서한 애착으로부터 벗어나 하느님의 거룩한 뜻 안에서 일상을 봉헌하고 매일의 삶을 재조명하라"고 초대했다.(영신수련 1번 참조)[3] "기도의 사도직은 '모든 것 안에서 하느님을 사랑하고 섬기기 위해'(영신수련 233번)[4] 모든 것 안에서 하느님을 찾고 발견하려는 우리의 이상이 단순하고 평범한 일상 속에서 이루어지도록 도울 것입니다." 고트를레 신부는 하느님의 사랑을 위해 항구적인 사도적 유용성을 살아갈 수 있도록 흥미로운 방법을 제안하였고, 이는 영신수련을 했을 때 영원한 왕의 부르심에 관대함으로 응답할 수 있는 은총을 청하며 주님께 '네'라고 대답했던 것을(영신수련 '예수 그리스도의 왕국 관상' 참조)[5] 날마다 새로운 마음으로 살아가는 것이다.

---

[3] "영신수련이란 양심 성찰과 묵상 기도, 관상 기도와 염경 기도 및 침묵 중에 기도하는 방법을 포함하여 앞으로 다루게 될 모든 정신 활동의 방식들을 말한다. 산보와 걷기, 달리기가 몸의 운동인 것과 같이 우리 정신이 온갖 무질서한 애착을 없애도록 준비하고 내적 자세를 갖추며 그런 다음에 영혼의 구원을 위하여 자신의 인생에 대한 하느님의 뜻을 찾고 발견하려는 모든 방법을 영신수련이라고 하는 것이다."(《영신수련》 정제천 譯, 이나시오 영성연구소, 2005, 11쪽)

[4] "두 번째 길잡이는 내가 원하는 것을 청함인데 여기서는 지금까지 받은 그 많은 것들에 대한 내적 인식을 구한다. 이로써 내가 받은 것들을 온전히 깨달아 모든 것 안에서 하느님을 사랑하고 섬기고자 하는 것이다."(《영신수련》 정제천 譯, 이나시오 영성연구소, 2005, 99쪽)

[5] 《영신수련》 정제천 譯, 이나시오 영성연구소, 2005, 51쪽

고트를레 신부의 이러한 제안은 의기소침했던 신학생들에게 뜻밖의 새로운 열정을 불러일으켰다. 그들은 일상의 노력과 활동을 통해 예수님께 대한 인격적이고 정서적인 사랑을 표현할 수 있고 예수님께서 그들에게 부여하신 사명에 응답할 수 있음을 알게 되었다. 그들은 주님을 위해 무엇이든 희생할 준비가 되었다고 느꼈고 지금 여기에서든 미래 어디에서든 그분을 위한 선교사가 되려는 열망을 갖게 되었다.

신학생들은 매일 아침 봉헌이 성체성사 안에 현존하시는 예수님께서 성부께 드린 봉헌과 일치한다는 것을 깨달았으며, 예수님의 전 생애가 현존하며 신비롭게 머무는 성체성사처럼 일상 안에서 그들이 바치는 봉헌이 성체성사적임을 깨달았다. 예수님께서 보여주신 모든 것은 성체성사에서 다시 실재(實在)가 되었다. 그들은 자신들의 마음이 예수성심을 닮기 바랐고, 그들이 닮기를 바랐던 마음은 '성부께 자신을 봉헌하고 타인을 위해 자신을 내어놓은 마음, 즉, 예수님께서 지니신 성체성사적 마음(Eucharistic heart)'이었다. 그리하여 매일 아침에 드리는 단순한 봉헌 기도문을 통해 그들의 삶은 신비롭고 깊은 차원의 '실재'

와 결합하게 되었다.

　신학생들은 점차 자신들의 일상을 하느님께 봉헌하는 것이 진정한 사도직이라는 사실을 깨달았다. 그들은 예수님을 위한 선교사가 되어 자신들의 삶을 봉헌하는 꿈을 꾸어왔다. 그러나 그리스도 사명의 사도이자 협력자가 되기 위해 양성을 마친 후 사제 서품을 받고 머나먼 타국으로 파견될 때까지 기다리지 않아도 된다는 것이 분명해졌다. 바로 지금 여기 일상의 단순한 일들, 특히 학업에 충실함으로써 그들은 예수님을 향해 열정적으로 투신할 수 있었다. 그것이 바로 지금 여기서 사제직을 준비하는 학생으로서 그들이 해야 하는 사도직이었다. 그것은 드러나지 않게 조용하고 겸손하게 이루어지는 그러나 중요하고 효과적인 사도직이었다. 또한 그것은 예수님 안에서 교회의 사명에 자신을 영적으로 일치시키는 일이었고, 희생과 자기 포기를 통해 전 세계에 흩어져 활동하고 있는 선교사들을 영적으로 지원하는 일이었다. 세상의 모든 것은 영적인 것으로부터 오는 열매이기 때문이다.

　신학생들은 아침 봉헌기도와 저녁 양심성찰을 연결시켰

다. 하루를 마치고 양심성찰을 하면서 아침에 드렸던 봉헌과 함께 한 하루의 일상에서 하느님께서 무슨 일을 하셨는지 돌아보고 감사를 드렸다. 이렇듯 아침 봉헌기도와 저녁 양심성찰은 하루 중 그들 안에서 하느님께서 행하신 모든 일에 더욱 자신의 마음을 열고 자신들을 인도하시는 그분의 현존을 더욱 의식하게 하였다.

3) 교회 내 확산

기도의 사도직은 신학생들이 주말에 사도직에서 만나던 주민들을 통해 인근 지역으로 급속히 퍼져 나갔다. 지역 주민들 역시 복음에 따라 충실히 살면서 교회를 위해 자신들의 일, 기쁨과 고통 그리고 기도를 봉헌하도록 초대를 받았고 그들 역시 삶의 자리에서 주님의 사도가 될 수 있었다. 몇 년이 채 지나지 않아 기도의 사도직은 프랑스 전역으로 퍼졌고 수백만의 신자들이 함께 했다. 교구 본당과 가톨릭 기관에 기도의 사도직 단체가 만들어졌고 새로운 단체를 총괄하기 위한 조직이 각 교구 내에 갖춰졌다. 지역 주교들 역시 이러한 움직임에 적극적인 지지를 아끼지 않았다. 이렇게 하여 기도의 사도직은 여러 지역에서 가시적이고 조직적인 교회 운동의 형태를 띠게 되었는데, 이는 고트를레 신부가 초대한 라미에르(Henri Ramière, S.J.) 신부의 노력이었다.

기도의 사도직은 그 영성을 살아가는 이들이 일상적으로 행하는 일에 새롭고 중요한 의미를 부여하였다. 그들은 그리스도와 교회의 사명에 협력하는 방식으로 무의미해 보이던 일상의 삶을 하느님께 봉헌할 수 있게 되었다. 세례성사의 부르심과 평신도의 보편 사제직이 언급되기 이전부터 기도의 사도직은 평범한 일상에서 세례성사의 삶을 살아가고 보편 사제직에 참여하는 방법을 제안했던 것이다.

모든 그리스도인들은 기도의 사도직 영성과 기도의 사도직에서 제안하는 방식에 따라 살아가도록 초대를 받았기에 굳이 특정 단체에 속할 필요 없이 누구든 기도의 사도직 회원이 될 수 있었다. 그것은 기도의 사도직이 초기에는 독실한 신자들의 신심 활동으로 간주되었기 때문이다. 따라서 기도의 사도직에 직접 가입하여 회원이 되거나, 단순히 그 영성을 살아가는 두 가지 방식이 초기부터 이미 존재했다.

4) 교황님 기도지향

1849년 비오 9세는 일상의 삶을 봉헌하며 교회의 사명을 영적으로 지원하는 가톨릭 신자들의 대규모 네트워크에 큰 관심을 보였다. 레오 13세는 1879년 이 단체를 승인하였으며, 1890년 기도의 사도직을 교황청 사도직으로 편입하고 이를 예수회에 위임하면서 매달 한 가지의 기도지향을 기도의 사도직에 요청하였다. 기도지향은 인류를 향한 교황의 관심을 반영하여 전 세계 가톨릭 신자들에게 매달 지향에 따라 기도하기를 권고하였다. 비오 11세는 1928년 매달 두 번째 기도지향을 추가하였다. 이리하여 기도의 사도직은 매달 교황으로부터 두 가지의 기도지향을 받아 전 세계 가톨릭교회에 전하는 책임을 맡았는데, 두 가지 기도지향은 일반지향과 선교지향이라 불렸다.

신자들은 세상과 교회가 가지고 있는 전 세계적인 관심사를 반영한 지향과 선교 지역을 위해 기도하면서, 그들의 시야는 보편적인 차원으로 확장되었다. 신자들은 이를 통해 교회에 대한 소속감을 강화하였고, 자신들이 예수님의 사명에 협력하도록 그분에 의해 선택된 사도임을 깨닫게 되었으며, 자신들의 단순한 일상의 삶이 교회의 사명을 지속하는 데 얼마나 유용한지를 깨닫게 되었다.

교황님 기도지향의 주제는 오늘날까지 해를 거듭하며 변화해왔고, 오늘날 기도지향의 대부분은 세상의 정의와 평화에 대한 보편교회의 관심을 반영하고 있다. 따라서 매달 기도하고 봉사하는 삶으로 그리스도인들을 초대하고 있는 기도지향은 인류가 처한 새로운 도전이 무엇인지를 보여주고 있다.

5) 현재 및 한국 현황

예수회 28대 총장 아루페(Arrupe) 신부는 제2차 바티칸 공의회의 정신을 담은 새로운 정관을 만들어 1968년 교황 바오로 6세의 승인을 받았다. 2008년 니콜라스(Nicolas) 신부가 예수회 30대 총장으로 취임한 후, 기도의 사도직은 변화된 시대 흐름에 맞춰 재창조의 작업을 시작하였다. 2018년 프란치스코 교황은 새로운 정관을 승인하면서 그동안 교황께서 예수회에 위임했던 기도의 사도직을 교황청 산하 사도직으로 편입하였으며, 그 명칭을 '교황님 기도 네트워크(Pope's Worldwide Prayer Network)'로 바꾸고 지역 상황에 맞춰 '기도의 사도직'과 혼용하여 사용하게 하였다. 또한 교황께서는 매달 두 가지였던 지향을 하나로 하시어 신자들로 하여금 기도지향에 더욱 집중할 수 있도록 하였다. 2020년 12월 3일, '교황님 기도 네트워크'는 공식적으로 교황청 소속 기관으로 승격하게 되었다. 기도의 사도직은 2021년 현재 전 세계 98개국, 3천 5백만 명의 회원들이 함께 하고 있으며, 특별히 2019년 6월 28일 바티칸 바오로 6세 홀에서는 프란치스코 교황님을 모시고 전세계에서 모인 6천여 기도의 사도직 회원들이 설립 175주년 기념행사를 가졌다.

한국에서는 1993년 12월 1일 예수회 박문수 신부가 한국 책임자로 처음 임명되었으며, 지도신부로 있는 '사랑의 고리'를 중심으로 이 신심을 전개하였다. '사랑의 고리'는 1978년 설립된 장애우 공동체로 이후 기도의 사도직 영성을 공동체의 생활 양식으로 채택하였다.

2005년 2월 1일 예수회 손우배 신부가 한국 책임자로 임명된 후, 2009년 9월 건립된 예수회센터를 중심으로 매월 첫 금요일 예수성심 신심미사, 예수성심 대피정, 기도학교, 기도모임 등의 프로그램을 운영하고 있으며, 기도의 사도직 관련 자료를 인쇄하고 홈페이지 및 소셜 네트워크 서비스(SNS) 등 인터넷을 활용하여 기도의 사도직을 보급하고 있다. 손우배 신부는 교황님 기도 네트워크로 명칭이 변경된 후 2017년 2월 20일 한국 책임자로 주교회의의 승인을 취하였다. 또한 한국 기도의 사도직은 2005년 한국에 진출한 성모 마리아 방문 수녀회와 협력하여 예수성심을 한국 교회에 전하는 일에 투신하고 있으며, 2017년부터 예수회 최준열 신부가 기도의 사도직 부책임자로 일하고 있다. 2021년 현재 한국에는 소셜 네트워크 서비스(SNS) 회원을 포함하여 천여 명의 회원들이 함께하고 있다.

5. 청소년성체운동 EYM
– Eucharistic Youth Movement[6]

1) '청소년성체운동' 개요

청소년성체운동 EYM은 '기도의 사도직' 청소년 모임으로, 성체성사를 통해 예수님과 인격적이고 친밀한 관계를 형성하고 세상과 인류를 향한 예수님의 사명에 적극적으로 응답하는 청소년 양성 프로그램이다.

(a) 그리스도인 양성을 위한 국제적인 모임

EYM은 청소년들을 참된 그리스도인으로 양성하기 위한 국제적인 모임으로, 성체성사를 통해 예수님께서 보여주신 삶의 양식으로 청소년들을 초대한다.

---

6 청소년성체운동 100주년 기념 문서 Ⅰ, Ⅱ(2015)를 중심으로 편집

2021년 현재 EYM은 5대륙 56개국 1,112,000명의 회원들이 있으며, 청소년들이 그리스도인으로 단계적으로 성장해나갈 수 있도록 구체적 행동양식을 제시하는 국제적인 협력 프로그램을 갖추고 있다.

(b) EYM의 핵심, 예수님과의 우정

EYM은 성체성사를 통해 그분과 우정을 쌓고, 성경의 말씀에 귀 기울이며, 교회와 함께 그리스도의 사명에 협력한다. 따라서 EYM은 예수님의 사명과 함께하며 그분과의 젊고 깊은 우정을 회원들 안에서 찾아간다.

EYM은 젊은이들에게 모임, 봉사활동, 전례, 성가, 예수님의 영으로 식별하는 방법, 그들의 성장을 위해 "어떻게 생각하고 행동할 것인가?" "어떻게 살아갈 것인가?"와 같은 여러 주제에 관한 토론 등의 활동을 지원한다.

(c) EYM 활동의 5가지 유형

그동안 EYM은 지역별로 다양하게 적용되어왔다. 현재 각 지역에서의 활동을 정리하면 아래와 같은 유형들이 있다.

- 식별의 중요성을 강조
- 예수님께서 보여주신 삶의 양식을 따르도록 초대
- 성체성사의 삶을 살아가도록 초대(성체성사에 대한 이해)
- 성체 십자군으로서 성체에 대한 공경과 전례를 강조
- 예수성심께 대한 헌신과 매월 교황님 기도지향을 강조

"우리는 젊다. 우리는 예수님과의 인격적 만남으로부터 오는 젊음의 기쁨을 세상에 말하고 싶다. 우리는 이 기심 없는 사랑을 추구하고, 희망을 가지고 역사를 바라보며, 예수님의 사명을 위해 움직이고 행동한다." - 남아메리카 EYM 지침서에서

2) '청소년성체운동' 역사

(a) 탄생

1865년 보르도(Bordeaux)에 위치한 티볼리(Tivoli) 대학의 영적 지도신부였던 레오나도 크로스(Leonado Cros)는 '교황군(Papal Militia)'을 설립하였다. 같은 해 가리발디(Garibaldi) 독립군의 위협을 느낀 교황 비오 9세가 자신을 도울 청소년 및 성인 가톨릭 남자들을 소집하였는데, 여기서 교황군

의 역사가 시작되었다. 그 당시 많은 학생들이 이에 동참하기를 원했지만 입대할 때까지의 시간을 차분히 기다릴 수 없었다. 그들의 성급함을 잠재우기 위해 크로스 신부는 기도의 사도직을 창설한 고트를레 신부의 생각에 착안하여 청소년들에게 기도와 침묵의 시간 그리고 희생과 영성체를 통해 그들만의 방법으로 교황의 군인이 될 수 있다고 역설했다. 이러한 생각은 빠르게 프랑스, 벨기에, 캐나다, 영국의 학교와 가정을 중심으로 전 세계 가톨릭 신자들에게 확산되었다.

1870년 고트를레 신부의 후계자인 라미에르(Henri Ramière) 신부는 교황 비오 9세에게 이 교황의 군대에 축복을 내려주시길 청하면서, 이 군대는 교황청의 입장을 수호하기 위해 자신들의 고유한 무기인 영성체와 함께 자신들의 학업을 봉헌하고자 하는 그리스도교 청소년들의 모임으로, '기도의 사도직'의 한 부분임을 보고하였다. 그리고 1881년 릴(Lille)에서 열린 첫 국제대회에서는 '기도의 사도직'을 영원한 '성체성사의 십자군'이라 천명하였다. 바로 이 시기에 12살이던 리지외의 소화 데레사 성녀도 있었다.

(b) 성체성사 십자군 Eucharistic Crusade

1910년 신자들의 성사 생활을 강화하기 위해 자주 성체를 영하고 조기에 첫영성체를 하도록 하는 비오 10세의 교령이 발표되었다. 당시 유럽을 중심으로 1차 세계대전의 위협이 있었기에 기도의 사도직에서는 어린이들의 영성체와 평화를 위한 기도를 강조하고 있었다. 1914년 루르드에서 열린 세계 성체대회에 고무되어 여러 단체가 생겼는데, 이들 중 많은 수가 기도의 사도직에 편입되었다. 이때 '성체성사 십자군'(Eucharistic Crusade)이 등장하였고 이 단체 역시 점차 기도의 사도직에 편입되었다.

성체성사 십자군의 신조는 '기도하라, 소통하라, 희생하라, 사도가 되어라!'였다. 이후 여러 나라로 전해지면서 지역 주교들은 성체성사 십자군을 청소년을 위한 공식 프로그램으로 채택하고 국가별, 교구별로 지도사제를 임명하였다. 비오 11세는 이를 가톨릭교회의 활동을 준비하는 기초과정으로 언급하시면서, 성체성사 십자군에 대한 책임을 예수회 총장에게 위임하였다.

(c) 성체운동

1960년 요한 23세는 '십자군' 대신 '성체운동'(Eucharistic Movement)이라는 표현을 권고하였고, 이에 1962년 프랑스의 추기경들과 주교들은 이 단체를 '청소년성체운동'(Eucharistic Youth Movement)이라 부르기 시작하였다. 그러나 이것은 단지 명칭만의 변화가 아니라, 이 모임에 고유한 특징을 부여하고자 하는 새로운 변화였다. 이러한 변화에 가장 중요한 것 중 하나는 이 모임이 어린이와 청소년들에게 단계별로 구체적인 교육 목표와 방법을 제시하며 단계별 명칭을 부여하였다는 점이다. 이에 이탈리아, 스페인, 칠레, 아르헨티나, 마다가스카르 등과 같은 나라에서는 각 나라의 어린이들과 청소년들에게 맞춰 자체 프로그램을 개발하여 운영하였다.

3) '청소년성체운동' 영성

'기도의 사도직' 청소년 모임인 EYM의 영성은 성체성사의 영성이다. 이는 또한 이냐시오 영성에 뿌리를 두고 있으며 아래와 같은 세 가지 특징을 지니고 있다.

(a) EYM의 핵심은 예수님과의 우정이다.

그것은 엠마오의 제자들을 예수님께서 가르치신 것처럼, 복음과 성체성사 그리고 사명이다. 이는 또한 마음의 길(Way of the Heart)의 원천이기도 하다. 따라서 EYM은 '복음, 성체성사, 교회의 사명'이라는 세 가지를 토대로 하여, 기도의 체험 안에서 그리스도교적 자각을 지닌 공동체를 형성한다.

- 예수님의 말씀과 행동을 묵상하기(복음)
- 성체성사 안에서 체험한 그분과의 우정을 지니고 살아가기
- 교회를 통해, 예수님의 삶과 사명에 함께하며 하느님 나라의 정의를 추구

예수님은 우리가 당신과 친밀한 우정을 쌓을 수 있도록 초대하신다. 일상의 기도, 양성 프로그램, 모임과 같은 청소년성체운동의 다양한 활동들은 그분과 우정을 쌓는 데 도움을 줄 것이다.

(b) EYM은 성체성사의 모범을 따라 그분과의 우정을 살아가는 것이다.

성체성사는 우리가 주일에 참여하는 미사 그 이상의 의미가 있다. 그것은 우리를 변화시키는 영적 양식이며 '성체성사의 삶'을 살아가도록 하는 초대이다. 또한 그것은 제자들에게 하신 것처럼 예수님께서 보여주신 삶의 양식을 따르라는 초대이다. 성체성사의 의미를 이해하기 위해서는 최후의 만찬에서 예수님께서 보여주신 행동과 말씀을 더욱 깊이 이해하여야 한다.

성체성사를 통해 우리는 빵과 포도주를 예수님의 몸과 피로 변하도록 성부께 청한다. 동시에 그리스도의 현존 안에 모인 우리가 세상을 위한 사람이 될 수 있도록 우리를 변화시켜달라고 청한다. 이처럼 우리의 마음이 예수성심을 닮을 수 있기를 청하면서 성령을 통해 이러한 변화가 이루어지기를 기도드린다.

(c) EYM은 하느님 나라의 정의를 위해 봉사함으로써, 예수님의 삶과 그분의 사명을 세상에서 살아가는 것이다.

- 인류의 도전과 교회의 사명

- 일상에서 성체성사적 삶을 살아감
- 타인을 위한 삶(Man for others)

예수님처럼 산다는 것은 타인을 위해 봉사하고, 함께 연대하여 정의를 위해 일하며, 그리스도의 사명에 동참한다는 의미이다. 그것을 위해 우리는 멀리 갈 필요가 없다. 가정, 이웃, 학교, 본당 안에 우리의 사명이 있고 그곳이 우리가 있어야 할 최전선이다.

6. '기도의 사도직' 영성

1) 평범한 일상의 삶에서 하느님의 현존을 찾음
Finding God in our ordinary life

기도의 사도직 영성은 기본적으로 그 기원에서 찾을 수 있다. 1844년 인도 선교가 예정되었던 신학생들이 지금 해야 할 학업보다 인도에 관한 탐구에 열중하는 것을 보고 고트를레 신부는 지금 하느님께서 내게 원하시는 것이 무엇인지를 깨닫고 내가 있는 자리에서 그리스도의 사도가, 기도의 사도가 되라고 말했다. 이를 위해 예수성심의 사랑과 일치하여 그날 하루 일상의 모든 것을 그분께 봉헌함으로써, 지금 내가 있는 이 자리가, 즉 오늘 하루 나의 일상이 주님으로부터 파견받은 나의 선교지가 되는 것이다.

예수님께서는 공생활 이전 30년을 우리와 같은 평범한 일상의 삶을 사셨다. 복음사가조차 특별히 쓸 말이 없을 정도로 우리와 같은 평범한 일상을 사셨던 것이다. 왜 예수님께서는 성년이 되신 20대에도 집안일이나 하고 목수 일을 하시며 지내셨을까? 그 시간에 병자를 한 명이라도 더 고쳐주시고 복음을 전했다면 더 많은 사람들이 그분의 말씀을 따랐을 텐데… 여기에 중요한 포인트가 있다. 예수님께서는 몸소 30년간 일상의 삶을 사시면서 우리에게 평범한 일상의 소중한 가치를 직접 보여주신 것이며, 우리가 어떻게 일상의 삶을 살아가야 하는지를 보여주셨다. 그리하여 우리의 일상이 얼마나 하느님께 큰 영광이며 참된 하느님의 뜻은 우리 일상의 삶 안에서 실현되는 것임을 보여주신 것이다.

이에 기도의 사도직 회원들은 평범한 일상의 삶을 예수 성심께 봉헌하고, 평범한 일상 안에서 하느님의 현존을 찾는다. 평범한 일상의 소중한 가치를 찾고 일상의 삶을

평범한 일상과 함께 하시는 나자렛 예수님

성체성사와 하나 되어 그리스도의 사도로 살아감으로써 평신도들은 기도와 활동을 통합하게 된다. 이로써 내 삶의 현장은 곧 기도의 장(場)이 되며, 이것이 '평범한 일상의 삶에서 하느님의 현존을 찾는(Finding God in our ordinary life)' 영성이다. 베네딕도 성인은 "성스러움은 어떤 특별한 것을 행함이 아니라, 위대한 사랑을 가지고 일상의 평범한 일을 하면서 이루어진다"고 하였다. 기도의 사도직 회원이었던 소화 데레사 성녀가 일상의 소소한 것들을 통해 하느님께 영광을 드렸던 것이 바로 기도의 사도직의 영성이다. 그것은 오늘 내게 주어지는 모든 것, 평범하고 소소한 일들조차 하느님께서 내게 주신 소명이기 때문이다.

제2차 바티칸 공의회에서는 교회 내 평신도의 역할을 강조하고 있다. 현대에 들어와 교회의 일원으로서 평신도의 역할은 더욱 중요해지고 있다. 기도의 사도직에서는 공의회 이전 이미 평범한 일상에서 세례성사의 삶을 살아가는 평신도의 보편 사제직을 강조하였다. 이제 세상 안에서 하느님의 현존을 찾고, 각자 삶의 자리에서 그리스도의 사도로 살아가는 평신도들만의 고유한 소명을 찾아야 할 것이다. 우리는 일상의 일을 사랑을 가지고 행하여야 할 것이며 이 모든 것들이 하느님 나라 건설을 위해 얼마나 유용한지를 깨달아야 할 것이다.

하느님은 지금 여기 우리와 함께 계시다. 하느님께서는 온 세상을 창조하시고 그 질서를 만드셨다. 하느님의 권능 없이는 우리가 보고 있는 모든 것들이 지금 이렇듯 자리를 잡고 있을 수 없다. 태양, 산, 바다, 인간, 동물과 식물, 창조된 모든 것들이 바로 하느님의 현존이다. 우리와 함께 하시며, 우리를 위해 항상 일하고 계시다.(사도행전 17,27-28) 하느님은 결코 세상을 창조하시고 저 너머로 떠나신 분이 아니다. 모든 것은 무(無)에서 창조되었기에, 피조물 자체가 하느님의 현존이며, 우리의 일상이 하느님의 현존이다. 창조가 곧 하느님의 현존이기 때문이다.(사도행전 17,24-27) 그래서 프란치스코 성인은 온 세상에 가득한 하느님의 현존을 찬미하였던 것이다. 따라서 우리는 이미 하느님의 집에 와 있다. 그분의 현존 안에 살아가고 있다.

이렇듯, 하느님께서는 세상 저 너머에 계신 분이 아니라, 우리의 일상이 있는 세상에 육화하시어 구체적으로 우리의 삶 안에 현존하시는 분이다. 그분이 바로 임마누

엘 하느님이시다.(마태오 1,23) 따라서 우리는 우리의 평범한 일상 안에 현존하시는 하느님을 찾아야 하며, 우리 역시 세상 안으로 육화하여야 한다. 그것은 곧 오늘 내게 주어진 환경과 상황에 육화하는 것이다. 우리의 영성이나 신학적 지식이 단지 머리에 머물러서는 안 되며 우리의 구체적인 일상의 삶 안에 육화하여야 한다. 그렇지 않으면, 우리의 신앙은 모래 위에 집을 짓는 것과 같을 것이다.(마태오 7,26) 반드시 내 일상에 복음이 의미로 다가와야 한다. 그리하여 우리의 삶은 육화하신 그리스도의 삶이 되는 것이다. 육화는 그리스도의 영성이며, 하느님의 영성이다.

육화는 또한 겸손의 영성이다. 삼위일체 예수님께서는 하느님과 본질이 같으셨지만 스스로 종의 모습을 취하시어 우리와 같은 인간이 되시고 자신을 스스로 낮추시어 십자가 위에서 돌아가셨다.(필리피 2,6-8) 그분 스스로 겸손의 길을 가셨기에 그 어떤 경우든 겸손하지 않으면 그것은 그리스도교의 영성이 아니다. 복음서는 기본적으로 육화의 영성인 겸손이 밑바탕을 이루고 있다. 많은 이들이 복음서의 말씀은 좋은데 실천하기가 어렵다고 말한다. 당연하다. 예수님의 말씀은 겸손한 사람만이 실천할 수 있다. 자신을 귀하게 생각하는 사람은 십자가를 질 이유도, 낮아질 이유도 없기 때문이다. 따라서 겸손은 그리스도교 영성으로 들어가는 문이다. 겸손한 사람만이 그 문으로 들어갈 수 있으며 주님의 말씀을 실천할 수 있다.

세상은 상대방을 낮추고 자신을 높이려 하지만, 우리는 자신을 낮추며 기쁨을 찾는 사람들이다. 우리가 스스로를 낮추면 하느님께서 높여주시기 때문이다.(필리피 2,5-9) 겸손은 하늘나라의 열쇠이다. 가나안 여인이 "강아지들도 주인의 상에서 떨어지는 부스러기는 먹습니다."(마태오 15,21-28)라고 말씀드릴 때 예수님께서 당신의 계획을 바꾸셨듯이, 겸손은 삼위일체 창조주이신 예수 그리스도의 마음을 움직이는 힘이 있다.

겸손한 사람만이 평범한 일상의 소중한 가치를 찾을 수 있다.

> 🐾 기도의 사도직 홈페이지 http://pwpnap.jesuit.kr 영성강좌 '평범한 일상을 살아가는 영성' 및 '그리스도교 영성의 문, 겸손(엑스트라의 영성)' 참조

2) 예수성심과의 인격적 만남

우리가 이렇듯 겸손하게 평범한 일상의 삶을 살아가기 위해서는 무엇보다 예수성심과 일치하여 살아가는 마음 자세가 필요하며 예수님과의 인격적이고 친밀한 만남이 필요하다. 우리는 우리가 믿는 신을 인간으로 만난다. 따라서 그리스도인들은 반드시 신을 인격적으로 만나야 한다. 그분을 한 사람으로 만나 그분과 인간적인 감정의 교류를 하여야 한다.

그분과의 인격적 관계 형성을 위해서는 마치 우리가 한 사람과 식사도 하고 함께 거리를 거닐며 관계를 만들어가는 것처럼, 예수님과 함께 시간을 보내는 것이 중요하다. 그것이 기도이며 이냐시오 영신수련 복음 관상에 따른 묵상은 예수님과의 인격적 만남을 위한 효율적인 수단이 될 수 있다. 우리는 이러한 만남을 통해 '사랑받는 체험'이 필요하며, 그분 사랑으로 가슴 뜨거워지는 예수성심의 체험이 필요하다.

그분 사랑 안에 머물 때 우리는 비로소 열매를 맺을 수 있다. "내 안에 머물러라. 그러면 너희는 많은 열매를 맺으리라." 가지가 나무에 붙어있으면 열매는 저절로 맺힐 것이다.(요한 15,4-5) 그래서 우리는 열매를 청하지 말고 가지가 나무에 붙어있기를 청해야 한다. 그것이 바로 예수님과의 인격적 관계이다.

"주님은 사랑이시다"라는 사실을 모르는 사람은 아무도 없다. 우리에게 필요한 것은 그분에 대한 지식과 정보가 아니라, 그분의 사랑을 마음으로 체험하는 것이다. 한 사람과의 인격적인 만남을 통해 사랑을 체험하고 함께 마음을 나누는 것이다. 그것이 바로 예수성심과의 만남이다.

> 🔥 관련 글: 8. '예수성심 신심'
> 🔥 기도의 사도직 홈페이지 http://pwpnap.jesuit.kr 영성강좌
>   '사랑을 찾는 고독의 여정(사랑과 고독의 시원, 예수성심)' 참조

3) 일상에서의 보편 사제직

우리 모두는 세례를 통해 예수 그리스도의 수난과 부활에 참여하며 그분의 사제직으로 초대된 사람들이다.

"여러분은 선택된 겨레고 임금의 사제단이며 거룩한 민족이고 그분의 소유가 된 백성입니다."(1베드로 2,9)

"여러분도 살아 있는 돌로서 영적 집을 짓는 데에 쓰이도록 하십시오. 그리하여 하느님 마음에 드는 영적 제물을 예수 그리스도를 통하여 바치는 거룩한 사제단이 되십시오."(1베드로 2,5)

"그러므로 형제 여러분, 내가 하느님의 자비에 힘입어 여러분에게 권고합니다. 여러분의 몸을 하느님 마음에 드는 거룩한 산 제물로 바치십시오. 이것이 바로 여러분이 드려야 하는 합당한 예배입니다."(로마 12,1)

사제는, 사전적 의미로, '인간의 고뇌와 고통을 신에게 전하고 사람들을 대신해 예배와 제사를 드리며 찬미와 감사, 청원과 속죄의 제물을 드리는' 사람이다. 그리스도는 자신을 희생제물로 바치시어 하느님과 인간을 화해시킨 대사제이시다. "예수 그리스도로 인해 구원된 사람은 누구나 그분을 머리로 하여 한 몸을 이루고(콜로새 1,15-20 1코린토 12,12-31), 그분의 사제직에 동참하게 된다." 따라서 세례를 받은 모든 이들이 예수 그리스도의 죽으심과 부활하심으로 완성된 구원에 참여하며, 그리스도를 머리로 하

는 신비체의 지체가 되어 그분의 사제직에 참여하는 것이다. [가톨릭 대사전 참조]

우리는 하느님과 세상의 화해를 위해 우리 자신과 일상의 삶을 예수성심께 봉헌하며 그리스도의 삶, 특별히 우리의 희생과 상처를 통해 그분 수난에 동참하고, 고통과 상처의 승화를 통해 부활을 체험함으로써 그분의 사제직에 동참한다. 그것은 자신의 희생제물을 예수님의 삶과 함께 봉헌하는 제사이며, 내게 주어지는 일상의 십자가를 통해, 일상의 평범하고 소소한 일들을 통해, 일상의 기쁨과 좌절을 통해, 널리 사랑을 실천하며 살아가는 것이다. 이것이 평신도의 보편 사제직이며 성체성사적 삶이다. 따라서 사제가 성당의 제대 위에서 희생 제사를 드리듯, 일반 평신도들은 일상의 삶과 현장이 바로 하느님께 희생 제사를 드리는 평신도들만의 제대가 되는 것이다.

특별히 제2차 바티칸 공의회에서는 직무 사제직과 함께 평신도의 보편 사제직에 대해 강조하고 있다.

"그리스도께서는 당신의 생명과 사명에 밀접히 결합시키신 평신도들에게 당신 사제직의 일부도 맡기시어, 하느님의 영광과 인류 구원을 위하여 영신적인 예배를 드리게 하셨다. 그러한 까닭에 평신도들은 그리스도께 봉헌되고 성령으로 도유된 사람들로서 놀랍게도 언제나 그들 안에서 성령의 더욱 풍부한 열매를 맺도록 부름을 받고 또 가르침을 받는다. 그들의 모든 일, 기도, 사도직 활동, 부부생활, 가정생활, 일상의 노동, 심신의 휴식은, 성령 안에서 그 모든 일을 하고 더욱이 삶의 괴로움을 꿋꿋이 견뎌 낸다면, 예수 그리스도를 통하여 하느님께서 기쁘게 받으실 영적인 제물이 되고, 성찬례 거행 때에 주님의 몸과 함께 정성되이 하느님 아버지께 봉헌된다. 또한 이와 같이 평신도들은 어디에서나 거룩하게 살아가는 경배자로서 바로 이 세상을 하느님께 봉헌한다."(「교회에 관한 교의 헌장 - 인류의 빛」 34항)

4) 일상의 삶을 봉헌함

'기도의 사도직' 핵심은 매일 아침에 드리는 봉헌기도에 있다. 이 짧은 기도를 통해 우리는 하루 일상의 삶을 예수 성심께 봉헌하며, 세례성사를 통해 받은 '왕의 사제직'(1베드로 2,9)으로의 부르심을 자신의 일상생활에서 응답하는 것이다. 그것은 하루 일상의 삶을 "하느님 마음에 드는 거룩한 산 제물로 바치는 것"(로마 12,1)이다. 교황 요한 바오로 2세께서 말씀하셨듯이, 매일 아침에 봉헌기도를 드리는 것은 "신자들 각자나 모든 이들의 삶에 있어 근원적으로 가장 중요한 것이어야 한다."

매일 드리는 아침 봉헌기도는 그날 하루 모든 기도와 일 그리고 기쁨과 고통을 예수성심께 봉헌하는 마음으로 어떤 기도든 바칠 수 있으며, 한국 기도의 사도직에서 공식적으로 사용하는 봉헌 기도문을[7] 드릴 수도 있다. 중요한 것은 하루 일상의 삶을 예수 그리스도의 삶, 특별히 그분의 수난, 죽음 그리고 부활과 일치하려는 열망을 가진 마음이다. 우리는 아침 봉헌기도를 통해, 오늘 하루 일상의 삶이 신앙에 의해 동기를 부여받고 신앙의 표현이 되도록 기도드린다. 그리하여 아침 봉헌기도와 조화를 이루는 한 우리가 하루 중 행하는 모든 것들은 기도로 승화되는 것이다.

하루를 봉헌한다는 것은 그날 하루 나의 삶을 주님의 뜻에 맡기며 그분의 뜻대로 살아가겠다는 의미이다. 그러기에 때론 내 뜻과는 다르게 일이 전개될 수 있지만, 그저

---

7 10. "회원 가입 및 의무" 3) '기도와 함께하는 일상의 삶' 참조

오늘 내게 주어지는 상황과 일을 불평 없이 겸손하게 받아들이는 것이다. 봉헌에는 타인을 위한 희생과 같은 사랑의 실천이나 인내와 극기가 있을 수 있고 나의 성공과 기쁨을 겸손한 마음으로 주님께 내어드릴 수도 있으며, 자신의 나약함과 부족함을 겸손하게 받아들이고 실패와 좌절, 상처와 어둠과 같은 일상의 십자가를 봉헌할 수도 있다. 이러한 희생과 아픔은 성체성사를 통해 그리스도의 희생과 하나 되어 세상 영혼들의 구원을 위해, 하느님 나라 건설을 위해 하느님께 봉헌되는 것이다. 이때 중요한 것은 그 어떤 경우든 사랑의 마음을 그분께 봉헌하는 것이다.

일상에서 대단한 희생이나 어려운 사랑의 실천도 물론 큰 봉헌이다. 하지만 일상의 소소한 것들, 때론 너무 소소해서 가치 없이 느껴지는 것들을 주님께 봉헌하는 것이 무엇보다 중요하다. 과연 그런 것들이 하느님께 무슨 의미가 있을까? 하지만 그것을 거룩히 하는 것은 봉헌물 자체도 아니고 사람도 아닌 성령이시다.[8] "아버지께 봉헌하는

---

8   Albert Vanhoye S.J., 《그리스도인의 보편 사제직 – 우리 모두를 사제로 삼으셨으니》 기도의 사도직 세미나 발표문, 최현순 譯, 바오로딸, 2018, 40쪽 참조.

이 예물을 성령으로 거룩하게 하시어…"(감사기도 제3양식) 사실 모든 것을 소유하신 하느님께 우리가 드릴 것이 뭐가 있겠는가! 구약성경에서 가난한 이들이 바치는 비둘기 두 마리의 타오르는 연기가 과연 하느님께 무슨 보탬이 되겠는가!(레위기 5,7 참조) 우리의 보잘것없는 제물을 거룩히 변모시키시는 분은 성령이시다. 그것은 마치 한낱 물질에 불과한 빵과 포도주가 거룩한 성체와 성혈로 변화되듯, 우리의 평범하고 소소한 일상의 사건과 일을 거룩한 희생 제물로 변모시키는 것이다. 이로써 평신도들은 자신들의 일상을 축성하는 보편 사제직을 행하게 된다.

인간이 하느님께 드리는 봉헌물은 모두 하찮은 것이다. 따라서 하느님께는 어떤 봉헌물을 얼마나 드리느냐가 아니라 어떤 지향과 의지, 사랑을 드렸는가가 중요하다. 그러기에 우리는 일상의 소소한 모든 것들을 하느님께 봉헌할 수 있다. 그분께서 우리의 보잘것없는 봉헌물을 거룩히 하실 것이다. 하지만 아무리 대단한 희생을 해도 성령께서 축성하지 않으면 카인의 제물처럼 하느님께서는 굽어보지 않으실 것이다.(창세기 4,5) 소화 데레사 성녀는 바로 이렇듯 일상의 소소한 것들을 봉헌함으로써 하느님께 영광을 드리는 길을 우리에게 보여주셨다.

따라서 기도의 사도직 회원들은 매일 아침 봉헌기도를 드리며, 성령께서 오늘 하루 나의 일상에 거룩하신 성령의 불을 지피시어 나의 평범한 하루의 일상이 거룩한 희생 제물로 성화 되기를 청하는 것이다. 이로써, 아침 봉헌기도를 통해 우리는 그날 자신의 하루를 축성하며, 비록 매 순간 의식하지 못하더라도 기쁨과 고통 그리고 소소한 일까지 하루 일상의 삶을 기도로 승화시키는 것이다.

5) 일상을 그리스도의 사도로 살아감

우리는 세상에 파견된 그리스도의 사도들이다. 사도는 그 말씀을 전하고 그리스도의 사명을 지금 이곳에서 이어가는 그분의 벗이다. 따라서 그리스도의 사도는 하느님께서 예수님을 세상의 일상으로 파견하신 것처럼 예수님께서 세상의 일상으로 파견하여 그분의 사명을 다하는 사람들이다. "아버지께서 나를 보내신 것처럼 나도 너희를 보낸다."(요한 20,21) 예수님께서 지상의 삶을 마무리 하시고, 이제는 예수님께서 성부께 받은 사명을 지상에 남은 우리들이 이어가며 그분의 삶을 일상에서 살아가는 것이다. 그리하여 내 안에는 그리스도가 사시는 것이며,(갈라티아 2,20) 우리는 그리스도의 남은 고난을 채우는 것이다.(콜로새 1,24) 도대체 무엇이 부족하단 말인가? 그분은 전지전능하신 분이 아닌가? 파스카의 신비로 모든 것을 이루신 것이 아닌가? "그리스도의 남은 고난은 바로 인간들의 협조이다."(James Kubicki, S.J.)

이냐시오 영성은 홀로 깨달음을 얻는데 머무는 것이 아니라 영혼들의 구원을 위해 세상으로 파견되는 사도적 영성이다. 이를 위해서는 먼저 예수님의 말씀을 살아가는 제자의 모습이 필요하며, 그분과의 인격적이고 친밀한 관계 형성이 필요하다. 이냐시오 성인은 "이럴 때, 예수님이라면 어찌하셨을까?"를 생각하며 그분을 닮고자 했고 "이 일이 그리스도의 사명을 이루는데 합당한 것인가?"를 식별하는 삶을 살았다. 일상의 모든 행동에서 그분의 삶을 닮고 그분의 사명을 식별하며 행동하였던 것이다. 그분의 사명은 무엇일까? 나는 그분의 사명을 위해 지금 세상에서 무엇을 해야 하는가? 그것은 하느님 나라를 건설하는 것이며 그것이 곧 교회의 사명이다. 하늘나라는 공간적

개념이 아니라 상태적 개념이기에 지금 내가 여기서 하느님의 사랑과 정의를 실현한다면 바로 내 안에, 바로 이곳에 하느님 나라는 이미 와 있는 것이며,(마태오 12,28) 그것이 하느님 나라를 선포하는 것이다. 그리하여 "수확할 것은 많은데 일꾼은 적은"(마태오 9,37) 이 시대에 하느님 나라의 일꾼으로 우리는 세상을 살아간다. 하느님은 사랑이시고,(1요한 4,16ㄴ) 하느님의 사랑이 머무는 곳은 그 어디든 하느님의 나라이기에, 우리는 사랑의 실천을 통해 내 일상에서 '하늘에서와 같이 땅에서도' 하느님 나라를 건설하는 것이다. 그것이 바로 우리 삶의 지향이다.

그분의 연민 어린 마음은 세상을 하느님과 화해시키시고 우리의 영혼 구원을 위해 스스로를 속죄의 제물로 바치셨다. 따라서 회원들은 예수님의 사명과 자신의 삶이 일치할 수 있도록 사도적 준비성을 갖추고 우리의 봉헌과 사랑 그리고 희생을 통해 이 세상에 하느님 나라를 건설한다. 그것은 우리의 성체성사적 삶을 그분께 제물로 봉헌하는 것이며 그분의 사도로서 내 일상에서 성부께서 성자께 부여하신 사명을 살아가는 것이다. 성체성사적 삶은 파스카의 삶이요, 그것은 타인을 위한, 세상을 위한 삶이다.(man for others, man for the world) 제2차 바티칸 공의회에서는 교회를 '하느님의 백성'(people of God)으로 정의하였다. 따라서 '하느님의 백성'인 내 이웃 형제들을 위한 모든 나의 희생과 봉사가 곧 교회를 위한 봉사이며 하느님 나라의 건설이다. 그렇다면, 나는 오늘 내가 있는 자리에서 하느님 나라 건설을 위해 무엇을 하였는가?

우리의 일상은 그리스도의 사명을 이루는 구체적인 장소이며 오늘 하루 내게 주어진 모든 일들은 나의 소명이다. 특별히, 기도의 사도직 회원들은 세상 성화를 위해 각자 일상으로 파견된 예수성심의 사도들이다.

6) 사도들의 어머니이신 마리아

기도의 사도직 회원들은 사도들의 어머니이신 성모성심과 일치하여 살아간다.

"그때부터 그 제자가 그분을 자기 집에 모셨다."(요한 19,27) 성모님께서는 예수님 수난 이후 제자들과 함께 공동생활을 하셨을 것으로 생각된다. 그리하여 성모님은 당신

아들을 세상에 탄생시키신 것처럼, 사도들을 중심으로 교회를 세상에 탄생시킨 교회의 어머니이시며 또한 사도들의 어머니이시다. 예수님께서 승천하신 뒤, 아들이 떠난 세상에서 제자들이 당신 아들의 사명을 계속할 때 그들의 어머니가 되셨던 것이다. 이같이 교회의 여정에 어머니께서 우리와 함께 하시는 것처럼, 기도의 사도직 여정에 그분을 어머니로 모시고 섬기는 것은 마땅히 해야 할 일이다.

예수성심이 성모님의 태중에서 잉태되셨듯이 성모성심은 예수성심을 품고 계시다. 우리는 성모성심이 깊어질수록 성모성심께서 품고 계신 예수성심을 반드시 만나게 될 것이다. 성모성심은 예수성심께로 가는 문이며, 어머니께서는 우리를 당신 아드님의 성심으로 인도하여 주시는 분이다. 따라서 성모님은 예수님의 내면적이고 친밀한 인격적 만남을 위한 여정, 바로 Way of the Heart, 마음의 길이시다.

7) 양심성찰

매일 아침에 드리는 봉헌기도와 저녁 양심성찰은 밀접히 연결되어 있다. 우리는 하루의 끝에 양심성찰의 시간을 가짐으로써, 아침에 드렸던 봉헌을 통해 오늘 하루 하느님께서 어떤 일을 하셨는지 인식하고 성령의 인도하심에 자신을 내어 맡기는 것이다. 따라서 회원들은 매일 하루를 마치며, 있는 그대로의 모습으로 주님 앞에 다가가 15분 정도 주님과 함께 머무는 시간을 갖는다.

양심성찰은 어떻게 하는가?

하루를 마무리하면서 특히 잠들기 전 우리는 아무런 의식적인 노력 없이도 하루 중 몇몇 사건들을 생생하게 돌아보는 경향이 있다. 특별히 그날 중대한 사건이 있었다면, 우리는 쉽게 잠들지 못하고 그 일을 되새기곤 한다. 예를 들어 그날 있었던 친구와의 말다툼을 마음속으로 재현하면서 "그때 이런 말을 했어야 했는데…", 또는 "왜 그 친구는 그런 행동을 했을까?" 등 여러 가지 생각들을 떠올릴 것이다. '양심성찰'이란 바로 이러한 우리들의 자연적인 성향에 바탕을 두고 있다. 하루를 뒤돌아보며 갖게 되는 성찰은 우리에게 주어지는 매일 일상의 삶에서 하느님의 현존을 느끼고 그분의 활동을 좀 더 구체적으로 깨달을 수 있도록 도와줄 것이며, 우리가 언제 하느님의 은총에 응답했으며 또 언제 거절하였는가에 좀 더 마음을 기울이게 할 것이다.

 우리의 마음을 지난 시간 위에 무작정 떠돌아다니게 한다. 이때 어떤 판단이나 분석도 하지 않고 그저 지난 시간에 우리에게 감사하는 마음을 갖게 하였던 일들을 찾아 감사하는 마음으로 잠시 그 순간에 머문다. 우리가 마음을 집중하여 지난 시간을 뒤돌아본다면, 아무리 힘들고 괴로웠던 하루라도 분명 자그마한 기쁨과 감사의 순간이 있을 것이다. 우리는 이러한 훈련을 통해 보통은 쉽게 잊고 지나칠 하루 중의 많고 다양한 기쁨과 감사의 순간들을 찾고 놀라곤 한다. 아마도 이러한 것들은 너무나 특별하지 않고 작고 보잘것없으며 당연한 것으로 생각되기에 어떤 고통스럽고 강렬한 다른 경험에 쉽게 가리어 눈에 띄지 않는 경우가 대부분이다. 하지만 우린 성찰을 통해 그것들이 얼마나 소중하고 감사한 순간이었나를 깨달을 수 있을 것이다.

 그런 후, 우리 안에 있었던 여러 감정들과 느낌들을 회상하고 할 수 있다면 무엇이 우리를 그렇게 이끌었는가 살펴본다. 우리는 이러한 감정들을 그리스도와 함께 보면서 표면적인 감정들 아래에 있는 우리의 내적 태도를 볼 수 있도록 주님께 청한다. 중요한 것은 우리의 경험을 분석하거나 어떤 판단을 내리는 것이 아니라 그리스도의 현존 안에서 그저 감정들을 관상하는 것이며, 그리하여 언제 우리가 주님을 우리 안에 모시었으며 또 언제 예수님께서 우리 안에 오시는 것을 거절했는가를 주님께서 보여주시도록 한다. 그러면서 우리가 주님의 영광을 드러냈던 순간을 만나게 되면 감사를 드리고, 예수님을 거절했던 순간을 만나면 주님께 용서를 청한다. 주님은 결코 우리들의 청을 거절하지 않으신다. 그분은 우리보다 우리의 결점을 더 잘 알고 계시다. 우리가 할 수 있는 것은 그러한 우리들의 모습을 있는 그대로 그분께 보여 드리는 것이며 그분은 우리들의 그러한 어둠을 선으로 인도하여 주실 것이다. 그런 후, 우리는 다가올 하루를 생각하며 주님의 도움을 청하는 짧은 기도로 끝을 맺는다.[9]

아래와 같은 형식은 성찰에 도움이 될 수 있다.

1. 감사: 하느님께서 내게 주신 모든 은혜에 깊은 감사를 드린다.
2. 조명: 나에게 일어났던 모든 것에서 하느님과 이웃과 나를 거짓

---

9   The Irish Jesuits,「Sacred Space」http://www.sacredspace.ie/

없이 볼 수 있도록 하느님의 빛으로 비추어 주시기를 청한다.
3. 성찰: 나의 삶에서 내가 무엇을 한 것뿐만 아니라 하느님께서는 무엇을 하셨으며 나는 어떻게 응답하였는지를 구체적으로 살핀다.
4. 자비: 하느님께서 나의 삶에 필요한 용서와 자비를 베풀어 주시기를 청한다.
5. 변화: 내가 해왔던 방식을 하느님의 방식으로 바꾸라는 초대에 귀를 기울이며 변화를 위한 결심을 한다. 그리고 하느님 나라가 나의 삶에 오시기를 청하며 주님의 기도를 드린다.

죄에 초점을 맞추기보다는 내 삶 안에서 활동하시는 하느님의 손길을 의식하며 나의 내적 움직임을 살피는 것이 중요하다. 하느님은 오늘 하루 나를 어떻게 인도하셨으며, 나는 어떻게 응답해 드렸는가? 오늘 있었던 일과 사건을 통해 하느님께서 내게 하시는 말씀은 무엇인가? 그리하여 하루를 '나' 중심에서 '하느님' 중심으로 옮기는 것이다.

다음과 같은 질문들이 도움이 될 수 있다.

- 오늘 주님은 나를 어떻게 사랑하셨는가?
- 나는 오늘 주님을 어떻게 사랑하였는가?

- 주님의 사랑은 지금 어떻게 나와 함께 하고 있는가?
- 나는 주님께 어떻게 내 사랑을 드릴 것인가?

- 예수님께서 당신 마음으로 느끼셨던 감정(연민, 상처, 고통, 기쁨, 슬픔)을 오늘 하루 언제 내 마음으로 느끼며 그분과 함께하였는가?

- 오늘 하루 나는 주님께 무엇을 감사드리는가?
- 오늘 하루 그분을 마음 아프게 한 것은 무엇인가?
- 나는 오늘 하느님께 무엇을 봉헌하였는가?
- 나는 오늘 어떻게 그분께 위로와 기쁨을 드렸나?
- 나는 오늘 그리스도께서 주신 사명을 다하였는가?
- 나는 오늘 내가 있는 자리에서 하느님의 나라를 건설하였는가?
- 오늘 하루를 시작하며 드린 나의 봉헌으로 하느님께서는 어떤 일을 하셨는가?
- 오늘 하루 하느님께 중요한 것은 무엇이었을까?
- 오늘 하루 내가 중요하다고 생각하는 것이 하느님께도 중요한 것이었을까?

하느님께서는 세상과 단절되어 계신 분이 아니라 끊임없이 자신의 현존과 사랑을 우리들에게 드러내고 계시는 분이다. 따라서 우리 삶의 현장은 결코 하느님과 단절된 것이 아니라 오히려 끊임없이 하느님께서 우리와 대화를 나누시는 場(장)이다. 우리가 일상의 삶을 신앙의 눈으로 성찰하고 바라본다면, 하느님께서 당신 자신을 우리들 각자에게 어떻게 드러내시었는지 깨달을 수 있을 것이며 끊임없이 부르시고 말씀하시는 하느님의 목소리를 들을 수 있을 것이다. 그렇다면 오늘 평범한 일상의 삶에서, 즉 우리가 구체적으로 만났던 사람들과 사건들 안에서 하느님께서는 어떻게 당신을 우리들에게 드러내 보이셨으며 하느님께서 우리에게 하시는 말씀은 무엇이었는지 성찰하여 보자.

성령께서 항상 일하시듯이 악한 영도 항상 일하고 있기에, 우리는 세상을 살아가면서 이러한 영의 활동을 식별해야 한다. 이에 대해서는 이냐시오 성인의 영신수련에 자세히 설명되어 있다.[10] (기도의 사도직 홈페이지 http://pwpnap.jesuit.kr 영성 강좌 '일상에서의 영적 위로와 실망' 참조)

기도의 사도직에서는 성찰을 통해 우리의 나약함과 부족함을 발견하고 이를 성사적 은총으로 치유받기 위해 주기적으로 화해성사를 가질 것을 권장한다.

---

10 《영신수련》 정제천 譯, 이냐시오 영성연구소, 2005, 135-143쪽

8) 매월 교황님 기도지향

1890년 레오 13세 때부터 교황의 관심사가 담긴 매월 기도지향을 기도의 사도직에 위임하며 전 세계 가톨릭 신자들이 함께 기도하도록 권고하였다. 인류와 교회에 대한 전 세계적인 관심과 특별히 선교 지역을 위해 기도함으로써 신자들의 시야는 전 인류의 차원으로 확장될 수 있었다. 이를 통해 신자들은 교회에 대한 소속감을 강화하고 그들 자신이 예수님의 사명에 협력하도록 그분에 의해 선택된 사도임을 깨닫게 되었으며, 그들의 단순한 일상의 삶이 교회의 사명을 지속하는 데 얼마나 유용한지 깨닫게 되었다. 이렇듯 신자들은 매월 이러한 지향을 가지고 기도함으로써 인류가 직면한 크나큰 도전과 위기를 깨닫게 되고 기도와 봉사를 통해 그들의 삶을 봉헌하도록 초대받는 것이다.[11]

'기도의 사도직'의 영적 여정은 예수성심의 사랑을 찾아가고, 사랑의 마음으로 세상으로, 내 일상으로 그리스도의 사도로 파견되는 것이다. 그분과 인격적 만남을 통해 우리에게는 필연적으로 회심이 일어나는데 참된 회심이

11　4. '기도의 사도직' 역사 4) '교황님 기도지향' 참조

있게 되면 이웃과 세상이 다르게 보이고 이웃과 세상의 아픔이 보이기 시작한다. 그리하여 예수님의 마음으로 세상을 바라보며 예수성심의 지상 대리자이신 교황님의 마음에 따른 매월 기도지향을 온 교회와 함께 기도드리고 이웃과 세상 구원을 위한 교회의 사명을 일상에서 함께 하는 것이다. 이러한 사명은 온 세상을 향한 예수성심의 사랑이며 그분의 연민과 열정의 사명이다.

따라서 기도의 사도직 회원들은 교황님의 매월 기도지향을 함께 기도드리는 '기도의 네트워크'이며 예수님의 마음인 예수성심, 교황의 마음 그리고 우리들의 마음을 하나로 잇는 '마음의 네트워크'로 전 세계적인 '영적 네트워크'를 형성한다.

> 관련 글: 7. 마음의 길, Way of the Heart 3) '인류가 직면한 도전과 교회의 사명'

교회와 함께 하는 기도[12]

우리는 세상과 교회의 필요에 따라 그리스도와 함께 기도드린다. 세례를 통해 하느님께 생명을 받았고 그리스도와 한 형제가 되었기 때문에 세상 구원에 관심을 가질 수밖에 없다. 우리는 성자 안에서 하느님의 아들이며 딸이기에 우리 각자는 그분의 몸을 이루는 지체이다. 따라서 그리스도를 머리로 하는 살아있는 생명체의 세포이기에 교회와 밀접히 결합되어 있으며 그리스도께서 성부로부터 받은 것과 같은 사명을 받았다. "너희는 세상의 빛이다."(마태오 5,14), "너희는 온 세상에 가서 모든 피조물에게 복음을 선포하여라."(마르코 16,15)

교회는 이 사명을 이루기 위해 서로 다른 카리스마를 가지고 있지만 기도는 모든 사람이 할 수 있는 매우 유용한 길이다. 프란치스코 하비에르 성인과 같이 활동적인 사도들과 아기 예수의 데레사 성녀와 같은 관상 수도회의 수녀들도 기도했고 각자 사도로서 복음을 전하였다.[13] 각 가정에 머물러 있는 그리스도교 신자들이나 먼 곳으로 떠난

---

12 《Prayer and Service》 '기도의 사도직' 로마 총사무국, 1994년 12월호.
13 두 성인은 모두 선교의 수호성인이며 기도의 사도직 수호성인이다.

선교사들 모두 기도를 통해, 부활하신 그리스도의 기도와 하나 되어 세상을 위한 사도가 되는 것이다.

이는 기도의 사도직 회원들이 성체성사 안에서 온 세상을 위해 성부께 당신 자신을 봉헌하신 그리스도와 일치하여, 일상의 삶을 봉헌하고 교황님의 지향을 기도하는 이유이다. 이러한 지향은 가장 시급하고 중요한 교회와 세상의 필요를 반영하고 있으며 교회와 세상을 전체적인 안목에서 볼 수 있는 세상의 목자이며 베드로 성인을 잇는 후계자의 마음을 함께 하는 것이다. 그것은 결국 그리스도 성심의 세상을 향한 끝없는 연민과 사랑이다.

1992년 6월 1일, 요한 바오로 2세는 기도지향을 맡기면서 기도의 사도직에 주는 당신의 메시지를 반복해서 전하였다.

> "하느님께서는 예수성심을 통해 사랑과 용서 그리고 구원의 예수님 사랑을 사람들이 알 수 있기를 바라십니다. 예수성심을 통해 교회는 항상 악을 단죄하고 잘못된 것을 바로잡아야 함을 하느님께서는 우리에게 가르치십니다. 예수성심을 통해 기도의 사도직과 보속의 의무를 행

함으로써 당신 구원사업에 동참하도록 하느님께서는 우리를 부르십니다. 그러므로 응당 '기도의 사도직'은 세 가지 목표를 가지고 있습니다.

첫째, 피조물을 사랑하시면서 피조물에게 사랑받기를 원하시는 예수님의 무한하신 성심을 선포하고 증거 하는 것

둘째, 미사, 영성체 그리고 제대 위에서 재현되는 성사의 신심을 통해 심원한 성체성사를 공경하고 성체성사에 계시는 예수님의 현존을 지속적으로 인식하는 것

셋째, 예수님 스스로 성녀 마르가리타 마리아 알라코크(St. Margarita Maria Alacoque)에게 전한 메시지와 같이 희생과 고통을 통해 보속을 행하는 것입니다."

9) '기도의 사도직' 영성 정리

'기도의 사도직'은 기본적으로 성체성사와 세례성사에 바탕을 둔 영성으로, 회원들은 아래의 영성을 살아간다.[14]

---

14   기도의 사도직 정관(1968)

1. 매일 봉헌기도와 성체성사의 삶 - 각자 일상의 삶에서 미사성제와 하나 되어 보속과 희생의 삶을 살아감.
2. 예수성심께 대한 신심
3. 성모성심께 대한 신심 - 사도들의 어머니이신 성모님과의 일치
4. 교회와 함께하는 마음 - 교황님의 매월 기도지향
5. 기도하는 영혼

- 하느님께서는 우리들에게 당신의 사랑을 드러내신다.(예수성심)
- 우리의 일상을 봉헌함으로써 하느님의 사랑에 응답 드리고,(성모성심) 회심의 삶을 살아간다.
- 예수님의 사랑은 성체성사를 통해 우리에게 온전히 드러난다.
- 우리의 일상을 성체성사에서 이루어지는 예수 그리스도의 희생과 하나 되어 살아간다.(희생과 보속의 삶, 타인을 위한 삶)
- 예수님과의 인격적 만남을 통해 그분의 사랑을 우리 마음에 채운다.
- 예수님의 마음, 성모님의 마음과 하나 되어 일상의 삶을 살아간다.
- 세상을 향해 열린 마음으로 그분의 사랑을 전한다.(매월 교황님 기도지향)

기도의 사도직 로마 본부는 2014년 재창조(recreation) 작업을 마무리하면서 아래와 같이 '기도의 사도직' 사명을 정리하였다.

- 사도적 준비성 및 유연성(Apostolic readiness and availability)
- 예수 그리스도의 사명에 협력
- 예수성심이 상징하는 예수님과의 인격적이고 친밀한 관계
- 범세계적 기도 네트워크를 통해 교회의 사명에 봉사
- 하느님 나라의 사랑과 정의를 위한 봉사

기도의 사도직(교황님 기도 네트워크)

- 예수성심과의 인격적 만남

- 매일 아침 봉헌기도 하루 일상의 삶을 예수성심께 봉헌

- 매월 교황님 기도지향 교회의 사명과 함께함

- 예수 그리스도의 사도 오늘 하루 일상으로의 파견

- 내 일상으로의 육화 오늘 하루 내게 주어진 소명들

- 하느님 나라 건설 일상에서 예수 그리스도의 사명을 이어감

- 성령께서 내 일상의 삶을 축복해주심 성체성사의 예수 그리스도의 희생제물과 하나 되어 오늘 하루 나의 기도와 일, 기쁨과 고통, 사랑과 희생을 기도로 승화

- 저녁 양심성찰 성령께서 오늘 하루 나를 어떻게 인도하셨나?

10) 이냐시오 영성과 '기도의 사도직'[15]

(a) 모든 것에서 하느님을 찾음 Finding God in All Things

성 이냐시오 로욜라는 하느님을 찾기 위해 세상을 떠난 수도자가 아니었다. 오히려 그는 수도자와 성직자 그리고 평신도들이 활동을 통해 세상 한가운데에서 하느님을 찾는 길을 명확히 보여주었다. 이를 잘 표현하는 핵심적인 두 구절이 있는데, 그것은 '모든 것에서 하느님을 찾음'(Finding God in All Things)과 '활동 중 관상'(Contemplation in Action)이다. 기도의 사도직은 우리를 '기도의 사도'가 되게 하여 매일 일상의 삶에서 하느님의 현존을 찾고 활동 중 관상의 삶을 살아가게 한다.

이냐시오의 이러한 이상은 기도의 사도직이 시작할 때부터 중요한 요소로 자리 잡았다. 1844년 해외에 있던 선교사들이 프랑스 발(Vals)에서 학업 중이던 예수회 신학생들을 방문했다. 선교지에서 그들이 체험한 이야기를 듣고 신학생들은 선교와 영혼 구원에 대한 열정으로 마음이 불

---

15 James Kubicki, S.J.(미국 '기도의 사도직' 책임자)「Ignatian Spirituality and the Apostleship of Prayer」이경용 譯, 2010.

타올랐다. 그들은 당장이라도 선교사가 되어 현장으로 달려가고 싶었다. 일상의 평범한 일들과 지루한 학업을 통해 하느님을 찾는 것은 그들에게 어렵게만 느껴졌다. 그러자 영적 지도신부였던 고트를레(Gautrelet)는 프란치스코 하비에르 축일에 신학생들을 한 자리에 모이게 했다. 그리고 그는 학업에 몰두하여야 하는 자신들의 현실을 잊고 있는 젊은 신학생들에게 빨리 선교사가 되려는 마음으로 조급해하지 말고 바로 지금 이곳 그들에게 주어진 상황에서 사도와 선교사가 되라고 말했다. 선교 현장에서의 어떠한 열매와 성공도 영적인 수단으로부터 오는 것이며 그것이 바로 미사의 희생제사와 일치하는 그들의 기도와 희생으로부터 오는 은총임을 믿고, 모든 기도와 학업에서 오는 좌절 그리고 조급함까지도 하느님께 봉헌하도록 제안하였던 것이다.

고트를레 신부의 이러한 제안은 신학생들에게 큰 영감을 주어 일상의 평범한 일들에서 하느님을 찾을 수 있게 하였다. 이러한 영감은 곧 평신도들에게 퍼져나갔고 그들 역시 그 가르침을 통해 일상의 평범한 삶 속에서 하느님과 이웃을 사랑할 수 있는 실마리를 찾았다. 하지만 이와 같은 이상은 결코 새로운 것이 아니다. 바오로 사도는 테살로니카 교회에 보낸 첫 번째 편지에서 같은 제안을 하고 있다. "끊임없이 기도하십시오."(5,17) 17세기 가르멜회 수사인 부활의 라우렌시오(Lawrence of the Resurrection)는 '하느님 현존의 실천'을 설교하였는데 그의 가르침 중에는 다음과 같은 내용이 있다. "영적인 삶에서 가장 거룩하고 가장 일반적이며 가장 필요한 실천은 하느님의 현존을 체험하는 것이다. 그것은 언제나 그리고 매 순간, 특별히 유혹, 영적 메마름, 환멸, 심지어 주님께 신의를 지키지 못하는 순간과 죄악의 순간조차도 그분과 함께하며, 어떤 특별한 형식 없이 겸손과 사랑의 마음으로 그분과 대화함으로써, 그분의 신성함이 나와 함께 하심에서 오는 기쁨을 발견하고 그에 익숙해지는 것이다."

19세기말 또 다른 가르멜회 수도자이자 최근 두 번째 기도의 사도직 수호성인이 된 아기 예수의 성녀 데레사는 스스로 '작은 길'이라고 언급한 방법을 통해 모든 것에서 하느님을 찾는 것을 대중들에게 전파하였다. 데레사 성녀는 12세 나이에 회원으로 공식적으로 등록한 기도의 사도직 영성을 통해 이러한 방법에 대해 배웠을 가능성이 매우 높다. 그리고 가까이는, 매 순간 하느님과 함께 그리고 하느님을 위해 살아가며 거룩함에 이르는 길을 캘커타의 성녀 마더 데레사 수녀에게서 찾아볼 수 있다. 마더 데레사는 다음과 같이 말하였다. "중요한 것은 '얼마나 많은 것을 했는가'가 아니라, '얼마나 많은 사랑을 우리의 행동에 쏟아부었는가'이다." 여기서 이냐시오의 영성과 기도의 사도직에서 핵심이 되고 있는 이상을 볼 수 있는데, 그것은 언제 어디서나 하느님을 찾고 우리가 생각하고 느끼고 말하고 행하는 모든 것을 하느님께 봉헌하는 것이다.

(b) 매일 봉헌기도

기도의 사도직에서 찾을 수 있는 성 이냐시오 영성의 두 번째 요소는 실용성(practicality)이다. 영신수련은 매우 방법론적인 프로그램으로, 피정자들은 이를 통해 성령의 말씀에 자신들의 마음을 여는 훈련을 한다. 기도의 사도직은 단순한 기도를 통해 모든 것에서 하느님을 찾는 이상과 매우 구체적이고 현실적인 영성을 통합하는데, 그 기도가 바로 매일 아침 봉헌기도이다. 매일 하루를 시작하면서 기도의 사도들은 하느님의 현존을 마음에 새기며 모든 '기도와 일 그리고 기쁨과 고통'을 포함한 자신의 하루 전체를 하느님께 봉헌한다. 그것은 그날의 모든 순간들이 봉헌되어 "모든 사람이 구원을 받고, 진리를 깨닫게 되기를 원하시는"(1티모테오 2,4) 하느님의 뜻을 이루는 데 사용되도록 그분께 드리는 것이다.

자신과 동료들이 어떻게 구 소련에서의 투옥과 추방을 견디어낼 수 있었는지에 관한 질문을 받았을 때, 예수회의 월터 취제크(Walter Ciszek, S.J.) 신부는 "그것은 바로 믿음과 기도를 통해서였다"고 답했다. 그의 저서 《나를 이끄시는 분》(He Leadeth Me)에서 취제크 신부는 다음과 같이 말하고 있다. "제 생각에, 아침 봉헌은 가장 좋은 기도 중의 하나입니다. 왜냐하면 기도를 통해 하루를 시작하면서 우리는 그날 하루의 모든 기도와 일 그리고 기쁨과 고통을 하느님으로부터 받고 그것을 다시 그분께 봉헌함으로 해서 우리 자신에게 다시금 그분의 섭리와 왕국을 상기시키기 때문입니다. 만일 우리가 그분의 뜻을 행하며 그분의 현존 안에 하루를 살아가고 있다는 사실을 단순히 의식할 수만 있다면 얼마나 큰 차이를 우리의 삶에서 발견할 수 있을까! 우리는 자신의 모든 삶을 기도와 통회에 바친 관상가들처럼 계속해서 기도만 할 수는 없습니다. 또한 넋

잃은 사람처럼 하루 종일 하느님만 생각하며 우리 주변 사람들, 가족과 친구 그리고 우리가 책임지고 있는 사람들에 대한 의무를 무시하며 살아갈 수도 없습니다. 하지만 하느님께 봉헌되고 약속된 한, 그날의 모든 행동과 일 그리고 기쁨과 고통을 기도로 만듦으로써 우리는 항상 기도할 수 있습니다."

매일 봉헌기도는 하루를 시작하며 단순히 암송하고 잊어버리는 기도문이 아니다. 우리 자신의 봉헌이 하루 전체를 통해 새롭게 되도록 하여야 한다. 봉헌을 지속적으로 새롭게 하며 모든 것에서 하느님을 찾는 영적 인식을 발전시키는 데 있어 큰 도움이 되는 것은 바로 저녁 양심성찰이다. 따라서 기도의 사도직에서는 저녁 양심성찰을 매일 봉헌의 마지막 단계로 권하고 있다. 우리는 하루의 매 순간과 하루 중의 모든 일을 하느님께 봉헌할 뿐만 아니라 하루를 마무리하면서 우리가 하느님께 무엇을 봉헌했는지 성찰한다. 이러한 두 가지 매우 구체적이고 실질적인 기도방법이 '활동 중 관상'으로 가는 확실한 길이다.

(c) 기도의 사도

이냐시오 성인은 하느님 아들이신 예수님의 인간성에 깊은 애정을 가지고 있었다. '영신수련'에서 그는 피정자들이 스스로 복음의 장면으로 들어가 있는 것을 상상하도록 초대하고 있다. 그의 의도는 우리가 예수님과의 친밀하고도 개인적인 관계를 발전시킬 수 있도록 돕는 것이며, "나를 위해 사람이 되신 주님께 대한 내적 인식을 가져 그분을 더 사랑하고 더 잘 따르도록 하는 것이다."(영신수련 104번) 특히, 이냐시오 성인은 오감을 활용하는 기도를 권장하며 지성뿐만 아니라 모든 감각기관을 이용하여 행하는 기도를 강조했다. 이는 기도의 목적이 단지 예수님에 대해 아는 것이 아니라, 친밀하고 개인적인 관계를 그분과 맺는 것이기 때문이다. 따라서 이냐시오는 자신의 감성적인 면에 호소하는 기도 방법을 찾고 활용하도록 권고하였는데, 그것이 우리로 하여금 개인적인 신심과 열정을 성장시킬 수 있도록 돕기 때문이다. 예수회 회헌에서도 이냐시오 성인은 양성 중인 예수회원들에게 두 번의 규정된 양심성찰과 더불어 그들에게 주어진 시간에 '성무일도, 묵상, 기타 영적 행위' 그리고 '각자의 신심에 따른 여러 기도'를 하도록 권고한 바 있다. 여기서 중요한 것은 그들을 각자 영적으로 진보시킬 수 있도록 돕고, 그들의 '참된 신심과 열정'을 고양시킬 수 있는 기도를 자유롭게 선택할 수 있도록 유연성을 주는 것이다.(영신수련 342-343번 참조)

우리는 이냐시오 영성의 이러한 세 번째 요소를 기도의 사도직이란 이름 자체에서 찾을 수 있는데, 그것은 바로 우리가 '기도의 사도들'이라는 것이다. 즉, 우리는 천상왕국에서 영원히 그분과 함께 하기를 갈망하며, 그분과 함께 머무르고,(요한 1,35-39) 그분을 따르며, 그분과 함께 일하고자 하는 예수님의 벗이다. 그리고 우리는 '기도의' 사도이다. 우리의 기도는 단순히 암송만으로 끝나는 기도가 아니라 '마르타와 같이' 우리의 모든 활동에서 '필요한 바로 그 한 가지'(루카 10,42)를 위해, 주님이신 예수 그리스도와 그분께 드린 우리의 봉헌을 지속적으로 인식할 수 있도록 열정을 가지고 노력하는 것이다.

예수님께 대한 이냐시오의 깊고 개인적인 사랑에 영감을 받아 기도의 사도직이 19세기 중반 시작된 직후부터 예수성심께 대한 신심을 바탕으로 기도의 사도들을 양성한 것은 매우 자연스러운 일이다. 이 신심은 예수성심을 통해 드러난 하느님의 인간에 대한 사랑을 인식하는 것과, 반대로 그 사랑에 대한 개인의 응답을 강조하고 있다. 이 신심을 통해 우리는 개인적이고 애정 가득한 기도 안에서 성장하게 된다. 우리는 단지 기도문들을 암송하는 것이 아니라 이냐시오 성인이 피정자들을 영신수련의 각 수련 끝에서 초대했듯이 주님과 담화를 나누며 그분과 함께 마음을 열고 대화하고자 한다. 교황 비오 11세는 1928년에 발표한 회칙 「예수성심께 드리는 보상에 관하여」(Miserentissimus Redemptor)에서, 예수성심께 대한 신심은 우리로 하여금 "주님이신 그리스도를 더욱 깊이 그리고 쉽게 이해할 수 있도록 이끌어주고 매우 효과적으로 우리의 마음을 되돌려 그분을 더욱 열렬히 사랑하게 하며 더욱 온전히 그분을 닮도록 한다"(#3)고 했다. 따라서 우리는 영신수련에서 추구하는 은총이 이 신심에서 구체화되고 있으며, 예수성심 신심은 기도의 사도직 영성과 활동에 중심이 된다는 것을 알 수 있다.

(d) 성체성사의 삶

이냐시오 성인의 예수님과의 친밀한 관계는 그가 미사를 집전할 때 놀라운 방법으로 드러났다. 지금까지 전해

지고 있는 그의 영적 일기에서 1544년부터 1545년까지의 기간에 해당하는 짧은 부분은 미사를 집전할 때 그가 종종 체험했던 눈물에 대해 말하고 있다. 성체성사 안에서 하느님의 아들이자 사람의 아들께서는 육체를 취하시고 온전한 희생을 통해 자신을 성부께 봉헌하고 있다. 이냐시오 성인은 이 경이로운 신비를 기념하면서 종종 엄청난 감정에 압도되곤 하였다. 그는 교황 요한 바오로 2세가 "예수님께서 지속적으로 육체를 취하시고 모든 인류를 위해 당신의 생명을 바치고 계시다는 사실은 '성체성사의 경이'이다"라고 언급한 것을 체험하였던 것이다. [「교회는 성체성사로 산다」 ECCLESIA DE EUCHARISTIA #5-6 참조]

이냐시오 영성의 네 번째 주요한 요소는 성체성사의 신심이다. 기도의 사도로서 주님을 따르는 사람들이자 벗인 우리는 십자가 위에서 그리고 미사에서 이루어지는 예수님의 온전한 봉헌에 일상의 삶을 통한 우리 자신의 봉헌을 통합하기 위해 노력한다. 매일 봉헌기도를 통해 우리는 여러 가지 방법으로 우리 삶 전부(기도와 활동, 생각과 느낌, 기쁨과 슬픔)를 '온 세상에서 봉헌되는 거룩한 미사성제'에 일치시킨다. 그리스도의 몸인 우리는 세상 구원을 위해 자신을 온전히 바치신 그분의 은총을 통해 머리이신 예수님과 하나 되는 것이다.

따라서 기도의 사도직 회원들은 '성체성사의 삶'을 살고자 열망한다. 우리는 바오로 성인의 "여러분의 몸을 하느님 마음에 드는 거룩한 산 제물로 바치십시오. 이것이 바로 여러분이 드려야 하는 합당한 예배입니다."(로마 12,1) "그리스도의 환난에서 모자란 부분을 내가 이렇게 그분의 몸인 교회를 위하여 내 육신으로 채우고 있습니다."(콜로새 1,24)라는 도전을 받아들인다. 무엇이 그리스도의 극심한 수난에서, 그분의 온전한 희생에서 모자랄 수 있단 말인가? 그것은 바로 우리 자신의 참여이다. 우리는 그분 안에서, 그분과 함께 '하나'이다. 아우구스티누스 성인은 다음과 같이 말했다. "놀라워라, 기뻐할지어다! 우리가 그리스도가 되었네! 그분께서 머리이시라면 우리는 그분의 지체이기 때문이니, 그분과 우리가 함께 온전한 한 인간이 되었네! 그리하여 그리스도의 충만함은 머리와 지체에 가득하네! 그렇다면 '머리와 지체'는 무엇을 말함인가? 그것은 바로 그리스도와 교회라네!" 우리들 각자는 세례와 성체성사를 통해 그리스도와 한 몸이 되었는데 교회는 전통적

으로 그 성사를 '십자가에 달리신 구세주의 찢겨진 가슴'
(요한 19,34)에서 비롯되었다고 보았다. 따라서 우리는 성체
성사와 하나 되어 매일 우리 자신을 봉헌함으로써 우리의
삶을 그분과 일치시키는 것이다.

(e) 사도적 삶

영신수련은 자신을 봉헌하는 심오한 기도 '받아주소서'
(Suscipe)[16]로 끝을 맺는데, 이 기도를 통해 우리는 그분의
은총과 사랑을 청하며 우리 자신과 우리가 가진 모든 것을
하느님께 봉헌한다. 이 기도는 영신수련의 정점이다. 영
신수련 각 주간에서 예수님을 관상한 후 우리는 자신을 온
전히 주님께 봉헌하며 그분을 닮고자 한다. '받아주소서'
는 매일 봉헌기도와 같이 매 순간 사도적 삶으로 살아가는
'사도직'으로 우리를 이끈다. 이처럼 이냐시오의 영성은
예수님처럼 타인을 위한 사람이 되려는 열망으로 우리를
인도한다. 즉, 우리의 온 삶이 – 그 순간이 기도이든, 바

---

16 "받으소서, 주님. 저의 모든 자유와 저의 기억과 지성, 저의 모든 의지와 제가 가진 모든 것을 받아주소서. 당신이 이것들을 제게 주셨습니다. 주님, 이 모두를 돌려드립니다. 모두가 당신 것이오니 당신 뜻대로 처리하소서. 제게는 당신의 사랑과 은총을 주소서. 이것으로 저는 족하옵니다." 《영신수련》 정제천 譯, 이냐시오 영성연구소, 2005, 99쪽)

뻔 활동 중이든, 고통이든, 기쁨이든 – 사도적이 되는 것이다. 그리하여 매 순간이 하느님 나라를 이루고 복음화의 열매를 키워가는 하나의 수단이 되는 것이다.

기도의 사도직에서 볼 수 있는 이냐시오 영성의 마지막 요소는 평신도로 부르심을 받은 신자들에게 특히 부합된다. 평신도 사도직을 미사 중에 독서를 읽는다거나 병자들에게 성체를 모셔간다거나 어린이들에게 교리를 가르치는 것과 같은 교회 직무의 측면으로 생각할 수도 있지만, 가장 중요한 평신도 사도직은 세상 안에서 누룩이 되는 것이다. 교황 요한 바오로 2세는 시노드 후 발표한 사도적 권고 '평신도 그리스도인'(Christifideles Laici)에서 다음과 같이 말하고 있다. "평신도의 실존에 두 가지 병립된 생활은 있을 수 없다. 한편으로는 그 가치와 요구를 지닌 이른바 '영성' 생활이 있고 다른 한편으로는 가정생활과 노동, 사회적 관계, 정치, 문화생활 등 이른바 '세속' 생활이 있다. 그리스도이신 포도나무에 붙어있는 가지는 그 모든 실존과 활동 영역에서 열매를 맺는다."(#59) 기도의 사도직 영성은 우리가 매일 일상의 삶에서 우리 자신을 사도로 인식하도록 하고 있다. 우리는 매 순간 하느님께 봉사하도록 부르심을 받았다. 심지어 우리가 잠을 자는 순간마저도 매일 하느님께 드리는 봉헌의 일부가 될 수 있다.

영신수련에서 이냐시오 성인은 피정자들에게 우리의 기도가 구체적이기를 권고한다. 각 수련의 시작에서 두 번째 준비단계는 피정자들이 이 기도시간에 구하고자 하는 은총을 구체적으로 하느님께 청하도록 언급하고 있다. 마찬가지로, 매일 봉헌기도도 매우 구체적이다. 우리는 '기도의 사도직'이란 이름처럼 어떠한 지향을 가지고 기도하며 우리 자신의 삶을 봉헌하고 있다. 매일 봉헌기도를 통해 우리는 모든 그리스도인들의 재일치와 죄로 초래된 온갖 악들의 치유를 위해, 그리고 교황님의 월례 지향을 위해 함께 기도드린다.

이냐시오 성인과 초기 동료들은 교황님의 지도를 받기 위해 찾아갔다. 그들이 교황님께 간 것은 그분은 교회 전체가 필요로 하는 것을 잘 알고 계시며, 그래서 그들을 가장 긴급히 필요로 하는 곳으로 파견하실 수 있음을 믿었기 때문이다. 마찬가지로, 기도의 사도직 또한 교황님을 찾아가 이 시대에 가장 긴급히 필요로 하는 것을 여쭙고 그것을 위해 함께 기도하는 것이다. 우리는 매달 교황님께서 주시는 구체적인 지향을 위해 매일 일상의 삶을 봉헌하고 기도함으로써 우리의 사도적 소명을 완수한다. 교황님과 일치하여 사도적 삶을 사는 것은 기도의 사도직에 드러난 이냐시오 영성의 중요한 요소이다.

11) '기도의 사도직' 전대사

1967년 1월 1일에 공포된 교황령 Indulgentiarum doctrina(대사에 관한 교령)에 따라, 교황청 내사성(the Sacred Penitentiary)은 아래와 같이 기도의 사도직 회원들에게 전대사의 은총을 부여하였다.(Apostolic Penitentiary, Rescript N. 833/68/R, 19 Feb. 1968)

교황청 내사성은 명시적이고 고유한 사도적 권위로 '고백성사와 영성체 그리고 교황 성하의 지향에 따른 기도'를 합당하게 바치고, 적어도 개인적으로 '기도의 사도직 정관'[17]을 신실하게 준수하겠다는 약속 또는 이를 갱신하는 회원들에게 아래와 같은 때에 전대사를 내린다.

---

17 다음 '기도의 사도직' 카페 http://cafe.daum.net/eaop 자료실 참조

1) 회원으로 가입한 날 혹은 예수성심께 자신을 봉헌하는 날
2) 예수성심 대축일, 그리스도 왕 대축일, 원죄 없이 잉태되신 복되신 동정 마리아 대축일(12월 8일), 성 프란치스코 하비에르 사제 대축일(12월 3일), 성 베드로와 성 바오로 대축일(6월 29일) 그리고 일 년에 한 번 봉헌을 갱신하는 날

이 특은은 별도의 서한이 없는 한 지속적으로 유지된다.

- ACTA ROMANA SOCIETATIS IESU Vol. 15 p189

바오로 6세 교황께서 이렇듯 '기도의 사도직' 회원들에게 지속적인 전대사 은총을 주신 것은 모든 가톨릭 신자들이 '기도의 사도직' 회원이 되기를 바라셨기 때문일 것이다.

기도의 사도직 회원들은 2)에서 지정한 날짜에 전대사의 일반적인 조건인 '고해성사', '영성체', '교황님의 지향에 따른 기도'(매월 교황님 기도지향)를 드리면 전대사를 받을 수 있다. 미사는 개인적으로 전대사의 지향을 가지고 참석할 수 있는 지역의 어떤 미사든 참석하면 된다.

> 서울 예수회센터에서는
> 매년 예수성심 대축일(6월), 그리스도 왕 대축일(11월)에
> '기도의 사도직' 회원들을 위한 전대사 미사가 있다.
> 구체적인 일정은
> 다음 '기도의 사도직' 카페 http://cafe.daum.net/eaop
> 공지사항에서 매년 확인할 수 있다.

7. 마음의 길, Way of the Heart[18]

마음의 길, Way of the Heart는 예수성심의 사랑을 체험하고 우리의 사랑을 그분께 응답 드리는 것이다. 따라서 이 길은 인간의 마음에서 출발하여 그리스도의 마음과 일치를 이루고 그 마음으로 세상에 파견되는 여정이다.

1) 마음의 길, '기도의 사도직'

"주님께서는 다른 제자 일흔두 명을 지명하시어, 몸소 가시려는 모든 고을과 고장으로 당신에 앞서 둘씩 보내

---

[18] 「A pathway with Jesus in apostolic readiness」 *Recreation of the Apostleship of Prayer* Document 1, 박병훈 譯, Rome, 2014.

셨다."(루카 10,1)

"진실한 예배자들이 영과 진리 안에서 아버지께 예배를 드릴 때가 온다. 지금이 바로 그때다. 아버지께서는 이렇게 예배를 드리는 이들을 찾으신다."(요한 4,23)

기도의 사도직은 그리스도의 사명을 위해 우리 자신을 내적으로 준비시키는 여정이다.

이 준비를 위한 원천과 모델은 우리를 위해 성부께서 보내신 예수 그리스도이시다. 예수님께서는 성체성사 안에 언제나 현존하신다. '그분의 생명을 받아들임'으로써 우리는 감사한 마음으로 날마다 우리의 삶을 성부께 봉헌하는 것이다.

기도의 사도직은 영적 여정이다.

이 여정을 통해 모든 그리스도인들이 부활하신 예수님의 벗이자 사도가 되도록 돕고 그들의 선교 열정을 일깨운다. 또한 모든 그리스도인들을 예수성심이 상징하는 인격적 사랑의 계명으로 이끈다.

기도의 사도직은 인류가 직면한 도전과 교회의 사명에 응답하는 범세계적인 기도 네트워크이다.

매월 교황님 기도지향은 이러한 도전과 사명을 담고 있다. 교황님의 지향에 따라 기도함으로써 우리의 시야는 전 세계로 확장되고 언제 어디서나 우리 형제자매들의 기쁨과 희망, 아픔과 고통에 인격적으로 동참하게 된다.

- 기도의 사도직은 '사도적 준비성'(apostolic readiness)이라 불리는 내적 태도를 갖추도록 초대한다. 이 태도는 사랑의 열매로서, 십자가에 못 박히셨다가 부활하신 예수님과의 인격적이고 친밀한 관계에 기초한다. 그것은 예수님께서 나를 사랑하신다는 사실을 깨닫고 그 사랑에 응답하며 '사도적 유용성'(apostolic availability)[19]을 갖추려는 태도이다.

- 기도의 사도직은 '마음의 길'(Way of the Heart)이라 불리는 영적 훈련과 양성을 통해 일상적이고 사소한 일

---

19 '유용성'(availability)은 '기동성'(mobility), '적응성'(adaptability)과 함께 예수회원의 행동양식을 표현하는 용어이다. 사도적 유용성을 갖춘 태도는 언제든 주님께서 원하시는 일에 열린 마음으로 자신을 내어놓는 태도를 의미한다.

에서조차 부활하신 주님의 사명에 더 잘 협력할 수 있도록 우리를 돕는다. 이렇게 준비된 우리는 우리의 삶과 마음을 예수님의 삶과 마음에 일치시키며 성령께 우리 자신을 열린 마음으로 개방한다. '마음의 길'은 단순하면서도 철저히 우리 자신과 우리가 가진 모든 것을 성부와 성자께 봉헌하도록 초대한다.

- 기도의 사도직은 우리를 '성체성사적 삶'으로 초대한다. 성체성사 안에서 우리를 위해 당신의 삶을 내어 주신 예수님을 만나는 것이 사도적 준비성의 궁극적 원천이자 우리가 받은 영감의 근원이다. 성만찬을 기념할 때, 우리는 매우 특별한 방식으로 예수님과 결합된다. 성만찬은 우리의 치유를 위해 우리의 역사를 당신의 역사에 결합시키신 성부의 주도적인 계획을 기념하기 때문이다. 예수님과의 인격적 만남은 우리를 화해시키고 속박에서 해방시키며 그분의 사명에 협력하도록 우리의 삶을 봉헌하게 할 것이다.

- 기도의 사도직은 현대 세계가 직면한 도전 앞에 수천만 명이 교황님과 함께 기도드리는 범세계적 네트워

크에 동참하라고 우리를 초대한다. 교황님의 기도지향은 교회와 인류가 직면한 급박한 필요를 알려주고, 우리는 기도지향에 따라 하느님 나라의 정의를 위해 투신한다. 기도의 사도직은 타 종교 사람들을 포함하여 더 큰 형제애와 정의를 위해 일하는 모든 이들과 협력하도록 우리를 초대한다. 교회를 위해 봉사하도록 교황께서 예수회에 맡기신 기도의 사도직은 '기도의 학교'로 교황님 기도지향을 교회에 전파한다.

- 기도의 사도직은 교회 내 모든 개인과 단체를 위해 봉사한다. 지역 문화의 필요나 지역 교회의 요구에 따라 전통적 방식의 조직을 만들 수도 있고 교회 내 기존 단체의 활동 중 하나로 또는 개인적인 신심 활동으로 참여할 수도 있다. 어떤 경우든 기도의 사도직은 그리스도인들이 세례 성소를 더 깊은 차원에서 살고 십자가에 못 박히시고 부활하신 주님의 사도가 되도록 할 것이다.

- 기도의 사도직은 주님과의 관계가 더욱 깊어지길 바라고 주님의 뜻에 더욱 기민하게 살고자 하는 모든

이들에게 "일상의 삶을 예수성심께 봉헌하고 예수님과 연대하라"고 초대한다. 주님과의 연대를 통해 우리는 그분과 친밀한 우정을 쌓고 주님의 사도로서 그분의 사명에 더욱 헌신하려는 원의를 드러낸다.

- 기도의 사도직 영적 여정은 주님의 마음을 향해 가고, 주님 사랑 안에 머물며, 주님의 마음으로 세상에 파견되는 것이다. 따라서 첫째, 기도의 사도직은 '마음의 길'이라는 믿음의 로드맵을 제시한다. '마음의 길'은 우리가 예수님을 섬기기 위해 더욱 잘 준비될 수 있도록 우리 안에 영감을 불어넣을 것이다. 둘째, 교황님과 교회의 사명에 협력하기 위해 우리는 매일 교황님의 기도지향에 따라 살아간다.

- 기도의 사도직은 본당과 교구 조직 내 평신도들의 영적 삶을 훈련하고 쇄신함을 목적으로 한다. 그리하여 세상 안에서 예수님과 일치를 이루고 타인을 위한 삶을 실천하며 하느님 나라 건설에 투신하는 삶을 살아간다.

2) 마음의 길, Way of the Heart

기도의 사도직 영성과 양성 프로그램은 '마음의 학교'로 표현된다. 9단계로 구성된 전체 여정은 예수님의 생각과 마음 그리고 계획에 합치될 수 있도록 우리를 인도한다. 각 단계에서 사용된 성경구절과 인용구들은 우리 각자와 모든 인류를 위한 하느님의 무한하신 사랑을 이야기하고 있다. 우리는 부활하신 주님과 함께 인격적인 사랑의 계명을 살아가고, 주님의 사도로서 당신의 사명에 기민하게 협력하라는 초대를 받았다. 또한 우리는 교회에 봉사함으로써 세상 안에 현존하시는 하느님의 연민 가득한 사랑을 드러내라는 파견을 받았다. 아래의 내용들은 기도의 사도직이 갖고 있는 통합적인 전망과 내적 여정을 제시하면서 우리에게 범세계적 기도 네트워크의 한 부분이 되라는 초대를 한다.

1단계 – 태초에 사랑이 있었다

"나는 너를 영원한 사랑으로 사랑하였다."(예레미야 31,3)

"여인이 제 젖먹이를 잊을 수 있느냐? 제 몸에서 난 아기를 가엾이 여기지 않을 수 있느냐? 설령 여인들은 잊는다고 하더라도 나는 너를 잊지 않는다."(이사야 49,15)

"그 사랑은 이렇습니다. 우리가 하느님을 사랑한 것이 아니라, 그분께서 우리를 사랑하시어 당신의 아드님을 우리 죄를 위한 속죄 제물로 보내주신 것입니다."(1요한 4,10)

"세상 창조 이전에 그리스도 안에서 우리를 선택하시어, 우리가 당신 앞에서 거룩하고 흠 없는 사람이 되게 해 주셨습니다."(에페소 1,4)

"저 높은 곳도, 저 깊은 곳도, 그 밖의 어떠한 피조물도 우리 주 그리스도 예수님에게서 드러난 하느님의 사랑에서 우리를 떼어 놓을 수 없습니다."(로마 8,39)

우리 신앙의 첫 번째 표현이자 영원히 변치 않는 것은 '성부의 영원하신 사랑'이다. 성부께서 우리에게 끊임없이 하시는 말씀과 매일 일상의 삶에서 성부께서 행하시는 모든 것을 통해 알 수 있는 사실은 "나는 너를 사랑한다"는 성부의 마음이다. "하느님은 사랑이시다."(1요한 4,8) 이 말은 하느님의 본질을 드러내고 있다. 하느님께서는 언제나 우리를 사랑스러운 눈길로 바라보고 계신다. 심지어 우리가 죄로 인해 그분으로부터 멀리 떨어져 있을 때도 마찬가지이다. 하느님의 사랑은 어떠한 경우에도 '무조건적'이고 '그럼에도 불구하고'이다. 이것이 우리가 걷고 있는 영적 여정의 원칙이자 토대이다. 하느님의 사랑으로 인해 우리의 삶이 시작되었고 유지되고 있으며 언젠가 우리의 생명은 다시 하느님께 받아들여질 것이다. 이러한 하느님의 사랑을 받아들일 때, 그 사랑에 대한 응답으로 우리 또한 하느님을 사랑할 수 있게 될 것이다.

2단계 - 불안하고 궁핍한 인간의 마음

"하느님, 당신은 저의 하느님, 저는 당신을 찾습니다. 제 영혼이 당신을 목말라합니다. 물기 없이 마르고 메마른 땅에서 이 몸이 당신을 애타게 그립니다."(시편 63,2)

"주님, 제 소리를 들으소서. 제가 애원하는 소리에 당신의 귀를 기울이소서."(시편 130,1)

"행복하여라, 마음이 가난한 사람들! 하늘나라가 그들의 것이다."(마태오 5,3)

"사랑하는 주님, 어디로 숨으셨나이까? 신음 중인 저를 버려두시나이까?"(《영적 찬가》 십자가의 성 요한)

"주님을 위해 저희를 내셨기에, 주님 안에 쉬기까지 저희 마음이 착잡하지 않나이다."(《고백록》 성 아우구스티노)

우리는 행복을 갈망하며 수많은 방법을 통해 그것을 추구한다. 하느님은 우리에게 사랑할 수 있는 능력과 관대하게 살아갈 수 있는 능력을 주셨다. 그러나 우리는 언제나 영적 가난 속에서 길을 잃어버린 것처럼 느껴진다. 깊은 욕구와 그에 따른 좌절 속에서 무거운 짐을 지고 살아간다. 여러 형태의 개인적인 어려움을 해결하지 못한 채 우리는 내적 평화를 찾지 못한다. 기도의 사도직은 영적 결핍을 느끼는 이들과 예수님을 마음으로 받아들이고자 갈망하는 모든 이들을 위해 신앙과 기도 그리고 참된 삶을 위한 길을 제안한다. 이 길에서 우리의 약한 마음은 더 이상 장애가 아니다. 가난한 이들에게 마음이 기우시는 하느님과의 내적 만남을 통해 우리의 약함은 오히려 커다란 자산이 될 것이다.

3단계 - 부서진 세상

"하느님께서 보시니 손수 만드신 모든 것이 참 좋았다. 저녁이 되고 아침이 되니 엿샛날이 지났다."(창세기 1,31)

"정녕 내 백성이 두 가지 악행을 저질렀다. 그들은 생수의 원천인 나를 저버렸고 제 자신을 위해 저수 동굴을, 물이 고이지 못하는 갈라진 저수 동굴을 팠다."(예레미야 2,13)

"그들이 주님의 말씀을 찾아 이 바다에서 저 바다로 헤매고 북쪽에서 동쪽으로 떠돌아다녀도 찾아내지 못하리라."(아모스 8,12)

"저희는 온종일 당신 때문에 살해되며 도살될 양처럼 여겨집니다. 깨어나소서, 주님, 어찌하여 주무십니까? 잠을 깨소서, 저희를 영영 버리지 마소서!"(시편 44,23-24)

"그분께서 당신 땅에 오셨지만, 그분의 백성은 그분을 맞아들이지 않았다."(요한 1,11)

우리는 세상의 아름다움과 역사를 통해 인류의 정신이 이룩해온 위대한 업적을 경이로이 바라본다. 그러나 우리가 공유하고 있는 이 세상은 죽음과 고통을 유발시키는 여러 모순으로 인해 상처받고 있다. 폭력과 이기심이 생명과 사랑을 질식시키고 권력을 가진 이들은 힘없고 약한 이들을 짓밟고 있다. 천연자원은 고갈되어가고 있고 극도의 슬픔과 외로움이 산재해 있다. 그러나 평화와 정의를 향한 울부짖음 속에서 우리는 당신께 돌아오라는 성부 하느님의 부르심을 듣는다. 우리는 주님의 길로부터, 인간을 향한 그분의 계획으로부터 너무 멀리 와 있다.

4단계 - 구원을 위해 성부께서 성자를 보내시다

"보라, 내가 새 일을 하려 한다. 이미 드러나고 있는데 너희는 그것을 알지 못하느냐? 정녕 나는 광야에 길을 내고 사막에 강을 내리라."(이사야 43,19)

"나는 이집트에 있는 내 백성이 겪는 고난을 똑똑히 보았고, 작업 감독들 때문에 울부짖는 그들의 소리를 들었다. 정녕 나는 그들의 고통을 알고 있다. 그래서 내가 그들을 이집트인들의 손에서 구하여, 그 땅에서 저 좋고 넓은 땅, 젖과 꿀이 흐르는 땅, 곧 가나안족과 히타이트족과 아모리족과 프리즈족과 히위족과 여부스족이 사는 곳으로 데리고 올라가려고 내려왔다."(탈출기 3,7-8)

"내가 에프라임에게 걸음마를 가르쳐 주고 내 팔로 안아 주었지만, 그들은 내가 자기들의 병을 고쳐 준 줄을 알지 못하였다. 나는 인정의 끈으로, 사랑의 줄로 그들을 끌어당겼으며 젖먹이처럼 들어 올려 뺨을 비비고 몸을 굽혀 먹여 주었다."(호세아 11,3-4)

"곧 하느님께서는 그리스도 안에서 세상을 당신과 화해하게 하시면서, 사람들에게 그들의 잘못을 따지지 않으시고 우리에게 화해의 말씀을 맡기셨습니다."(2코린토 5,19)

"성령께서 나약한 우리를 도와주십니다."(로마 8,26)

"하느님께서는 세상을 너무나 사랑하신 나머지 외아들을 내 주시어, 그를 믿는 사람은 누구나 멸망하지 않고 영원한 생명을 얻게 하셨다."(요한 3,16)

"사람의 아들은 잃은 이들을 찾아 구원하러 왔다."(루카 19,10)

성부께서는 우리를 부서진 세상에 내버려 두지 않으셨다. 예언자들을 보내시어 다양한 방식으로 우리를 향한 당신의 사랑을 말씀하신 성부께서는 마지막 시대에 이르러 당신의 아들 예수 그리스도를 통해 우리에게 말씀하셨다. 상처받은 이 세상의 치유와 복원을 위해 성부께선 우리의 역사를 당신 자신의 역사와 결합시키셨다. 우리를 위해 자신의 생명을 내어주시고 죽은 이들 가운데서 부활하신 성자께서는 우리의 죄를 용서하여주신다. 성자 안에서, 우리를 구원하기로 하신 성부 하느님의 열정적인 사랑이 드러났다. 성자와 함께, 우리는 세상에서 일하시며 고통과 고난의 한 가운데서도 무엇인가 내게 새로운 일을 하고 계시는 하느님의 영을 분별하는 법을 배운다.

5단계 - 우리를 친구로 부르시다

"내가 너를 구원하였으니 두려워하지 마라. 내가 너를 지명하여 불렀으니 너는 나의 것이다. 네가 나의 눈에 값지고 소중하며 내가 너를 사랑하기 때문이다."(이사야 43,1.4)

"예수님께서 산에 올라가신 다음, 당신께서 원하시는 이들을 가까이 부르시니 그들이 그분께 나아왔다. 그분께서는 열둘을 세우시고 그들을 사도라 이름하셨다. 그들을

당신과 함께 지내게 하시고, 그들을 파견하시어 복음을 선포하게 하셨다."(마르코 3,13-14)

"나는 너희를 더 이상 종이라고 부르지 않는다. 종은 주인이 하는 일을 모르기 때문이다. 나는 너희를 친구라고 불렀다. 내가 내 아버지에게서 들은 것을 너희에게 모두 알려주었기 때문이다."(요한 15,15)

"베드로가 돌아서서 보니 예수님께서 사랑하시는 제자가 따라오고 있었다. 그 제자는 만찬 때에 예수님 가슴에 기대어 앉아 있다가, '주님, 주님을 팔아넘길 자가 누구입니까?' 하고 물었던 사람이다."(요한 21,20)

"내가 너희에게 명령한 모든 것을 가르쳐 지키게 하여라. 보라, 내가 세상 끝날까지 언제나 너희와 함께 있겠다." (마태오 28,20)

"따라서 그분께서는 당신을 통하여 하느님께 나아가는 사람들을 언제나 구원하실 수 있습니다. 그분께서는 늘 살아 계시어 그들을 위하여 빌어 주십니다."(히브리 7,25)

"나는 불신자들의 땅을 모두 정복하고자 한다. 나와 뜻을 같이 하는 사람들은 나와 의식주를 똑같이 할 것이다. 또 낮에 일하고 밤에 파수를 서는 것도 나와 똑같이 해야 한다. 나와 함께 일한 사람들은 승리했을 때 나와 함께 한몫을 차지하게 하겠다."《영신수련》 93번, 성 이냐시오)

예수 그리스도는 우리를 당신의 친구로 부르시며, 우리를 당신과 인격적이고 친밀한 사랑의 관계로 초대하신다. 그분께서는 우리를 위해 중재해주시고, 우리를 당신께로 이끄시며, 우리를 소중한 보물처럼 바라보고 계신다. 예수님과 우정을 맺고 세상을 예수님의 눈으로 보게 되면, 우리는 예수님과 함께 기쁨과 고통을 나누고 우리의 형제 자매들을 위해 그분과 함께 일하며 우리 자신을 봉헌하게 될 것이다. 예수 그리스도께서는 우리 곁에 함께 계시며 세상 끝날까지 함께 하실 것이다.

6단계 - 그리스도께서 우리 안에 머무르시다

"그날, 너희는 내가 아버지 안에 있고 또 너희가 내 안에 있으며 내가 너희 안에 있음을 깨닫게 될 것이다."(요한 14,20)

"누구든지 나를 사랑하면 내 말을 지킬 것이다. 그러면

내 아버지께서 그를 사랑하시고, 우리가 그에게 가서 그와 함께 살 것이다."(요한 14,23)

"내 안에 머물러라. 나도 너희 안에 머무르겠다. 아버지께서 나를 사랑하신 것처럼 나도 너희를 사랑하였다. 너희는 내 사랑 안에 머물러라."(요한 15,4.9)

"이제는 내가 사는 것이 아니라 그리스도께서 내 안에 사시는 것입니다."(갈라티아 2,20)

"여러분이 하느님의 성전이고 하느님의 영께서 여러분 안에 계시다는 사실을 여러분은 모릅니까?"(1코린토 3,16)

"처음부터 들은 것을 여러분 안에 간직하면, 여러분도 아드님과 아버지 안에 머무르게 될 것입니다."(1요한 2,24)

"여러분의 믿음을 통하여 그리스도께서 여러분의 마음 안에 사시게 하시며, 여러분이 사랑에 뿌리를 내리고 그것을 기초로 삼게 하시기를 빕니다."(에페소 3,17)

"우리는 모두 너울을 벗은 얼굴로 주님의 영광을 거울로 보듯 어렴풋이 바라보면서, 더욱더 영광스럽게 그분과 같은 모습으로 바뀌어 갑니다. 이는 영이신 주님께서 이루시

는 일입니다."(2코린토 3,18)

우리를 향한 무한하신 사랑으로 하느님께서는 우리 마음 안에 머물기를 원하신다. 예수님께서는 수난을 앞두고 제자들에게 놀라운 약속을 남기셨다. "내 안에 머물러라. 나도 너희 안에 머무르겠다."(요한 15,4) 사도 바오로는 이것을 "이제는 내가 사는 것이 아니라 그리스도께서 내 안에 사시는 것입니다."(갈라티아 2,20)라고 증언했다. 이것은 성령께서 우리를 이끄시는 궁극의 지평이다. 그리스도께서는 우리가 몸과 영혼과 정신을 다해 당신을 따르기를 바라신다. 우리 역시 이러한 원의를 겸손한 마음으로 청한다. 우리 자신의 노력만으로는 결코 할 수 없다는 것을 알기 때문이다. 우리는 그리스도와의 일치가 성체성사 안에서 매우 특별한 방식으로 이루어짐을 믿는다. 그리스도께서는 성체와 성혈을 통해 스스로를 우리에게 내어주신다. 우리의 마음이 당신의 성심을 닮게 하고 우리가 마음 안에 그분을 간직하며 살아가게 하시려는 것이다.

7단계 - 그분을 따르며 우리의 삶을 봉헌하다

"성령께서 나약한 우리를 도와주십니다."(로마 8,26)

"저 가난한 과부가 헌금함에 돈을 넣은 다른 모든 사람보다 더 많이 넣었다. 저들은 모두 풍족한 데에서 얼마씩 넣었지만, 저 과부는 궁핍한 가운데에서 가진 것을, 곧 생활비를 모두 다 넣었기 때문이다."(마르코 12,43-44)

"예수님께서는 또 빵을 들고 감사를 드리신 다음, 그것을 떼어 사도들에게 주시며 말씀하셨다. '이는 너희를 위하여 내어주는 내 몸이다. 너희는 나를 기억하여 이를 행하여라.'"(루카 22,19)

"저는 주님의 종입니다. 말씀하신 대로 저에게 이루어지기를 바랍니다."(루카 1,38)

"그러므로 형제 여러분, 내가 하느님의 자비에 힘입어 여러분에게 권고합니다. 여러분의 몸을 하느님 마음에 드는 거룩한 산 제물로 바치십시오. 이것이 바로 여러분이 드려야 하는 합당한 예배입니다."(로마 12,1)

"보십시오, 저는 당신의 뜻을 이루러 왔습니다."(히브리 10,9)

"받아주소서, 주님. 저의 모든 자유와 저의 기억과 지성,

저의 모든 의지와 제가 가진 모든 것을 받아주소서. 당신이 이것들을 제게 주셨습니다. 주님, 이 모두를 돌려드립니다. 모두가 당신 것이오니 당신 뜻대로 처리하소서. 제게는 당신의 사랑과 은총을 주소서. 이것으로 저는 족하옵니다."(《영신수련》 234번, 성 이냐시오)

그리스도께 가까이 다가갈 때, 우리 역시 그리스도께서 하신 것처럼 다른 이들을 위해 우리의 삶을 내어줄 수 있다. 우리는 약함과 한계에도 불구하고 우리의 삶이 다른 이들에게 도움이 될 수 있다는 것을 배우게 될 것이다. 우리가 사랑받고 있고 선택되었으며 그분께서 우리 안에 계신다는 사실을 알게 되면, 우리는 스스로를 존귀하게 여기고 하느님께 감사하는 마음을 가질 것이다. 그리하여 우리가 받은 좋은 것들을 되돌려 드리려는 마음으로 사도적 준비성을 갖추고 우리의 삶을 봉헌하게 될 것이다. 이것은 하느님께서 하시는 일을 헛되이 만들려는 우리 안의 이기심과 나태함을 거스를 때 가능하다. 나자렛의 마리아처럼 우리 역시 하느님의 부르심에 관대하게 응답하라는 초대를 받았다. 하느님께선 우리들의 협력 없이 우리를 구원하시거나 세상을 변화시키는 것을 원하지 않으신다.

내 개인적인 봉헌이 무의미하게 느껴진다고 하더라도 그것은 반드시 다른 이들에게 도움이 될 것이다. 하느님께서는 우리를 위해 십자가에서 생명을 내어주신 예수님의 삶과 성심에 우리의 봉헌을 결합시키시기 때문이다. 우리는 예수님 곁에 가까이 다가설수록 세상의 아픔에 더욱 가까이 다가서게 되고, 그분께서 하셨던 것처럼 우리도 세상의 요구에 응답하고자 노력할 것이다. 우리는 봉헌기도를 통해 성자와 함께 일하고 싶은 원의를 성부 하느님께 아뢰며 성령께서 하시는 일을 거스르지 않도록 겸손되이 기도한다. 성자께서 보여주신 성부를 향한 완전한 봉헌이자 우리가 바치는 봉헌의 모델인 성체성사 안에서 우리는 특별한 방식으로 영감을 받고 양육된다.

8단계 - 연민의 사명

> "주님께서 나에게 기름을 부어 주시니 주 하느님의 영이 내 위에 내리셨다. 주님께서 나를 보내시어 가난한 이들에게 기쁜 소식을 전하고 마음이 부서진 이들을 싸매어 주며 잡혀간 이들에게 해방을, 갇힌 이들에게 석방을 선포하게 하셨다."(이사야 61,1)

"가난한 이에게서 얼굴을 돌리지 마라. 그래야 하느님께서도 너에게서 얼굴을 돌리지 않으실 것이다."(토빗기 4,7)

"그리스도 예수님께서 지니셨던 바로 그 마음을 여러분 안에 간직하십시오."(필리피 2,5)

"예수님께서 가엾은 마음이 드셔서 손을 내밀어 그에게 대시며 말씀하셨다. 내가 하고자 하니 깨끗하게 되어라." (마르코 1,41)

"주님께서 나에게 기름을 부어 주시니 주님의 영이 내 위에 내리셨다. 주님께서 나를 보내시어 가난한 이들에게 기쁜 소식을 전하게 하셨다."(루카 4,18)

"성삼위께서 넓고 둥근 이 세상에 사람들이 꽉 차있는 것을 어떻게 보고 계셨는지 관상하라. 첫째 요점은 사람들을 한 무리씩 차례로 보는데 먼저 세상 사람들을 보고 그들의 옷차림이나 행동이 각양각색임임을 본다. 백인들이 있는가 하면 흑인들도 있고, 평화 중에 있는가 하면 전쟁 중에 있고, 우는 이들이 있는가 하면 웃는 이들이 있고, 건강한 이들과 병든 이들이 있고, 태어나는 이들이 있는가 하면 죽어가는 이들이 있는 식이다."(《영신수련》 102,

106번, 성 이냐시오)

예수님의 아버지이시며 우리의 아버지이신 성부 하느님께서는 세상 안에 현존하는 당신의 연민이 예수님의 제자들인 우리 안에 그리고 우리를 통해 현존하기를 원하신다. 우리는 인류를 바라보시는 성부 하느님의 사랑스러운 눈빛과 예수 그리스도의 성심을 지니고 활동하도록 초대받고 있다.

예수님과 함께 우리는 사회에서 소외된 이들에게 다양한 방식으로 파견된다. 불의로 고통 받고 있는 곳을 찾아가 상처받고 부서진 마음을 돌보고 치유하도록 우리는 파견된다. 비록 몸이 아파 육체적인 제한이 있더라도, 사회의 불의한 구조를 변화시키는 것이 불가능하게 느껴질지라도, 우리는 우리의 형제자매들을 연민의 정으로 바라보시는 하느님의 눈빛이 되어 이러한 사명에 동참하게 된다. 우리 자신이 하느님의 연민에 의해 은총을 받았기에 우리는 연민의 사명을 다른 이들에게 전할 수 있다. 이것이 우리를 향한 그분의 사랑을 되돌려 드리는 우리의 방법이다.

우리는 교회의 경계를 넘어 활동한다. 예수님의 영은 하느님의 연민이 있는 모든 곳에 존재하시기 때문이다. 기도와 구체적인 행동을 통해, 하느님의 영에 개방된 모든 문화와 종교를 가진 이들과 함께 일하며 도움이 절실한 이들의 고통과 함께하는 것이다.

9단계 – 인류의 긴박한 요구에 주목하는 기도와 봉사의 범세계적 네트워크

"시온 때문에 나는 잠잠히 있을 수가 없고 예루살렘 때문에 나는 가만히 있을 수가 없다, 그의 의로움이 빛처럼 드러나고 그의 구원이 횃불처럼 타오를 때까지. 주님의 기억을 일깨우는 자들아 너희는 쉬지 마라."(이사야 62,1.6)

"그 사람들은 거기에서 몸을 돌려 소돔으로 갔다. 그러나 아브라함은 주님 앞에 그대로 서 있었다. 아브라함이 다가서서 말씀드렸다. '진정 의인을 죄인과 함께 쓸어버리시렵니까? 혹시 그 성읍 안에 의인이 쉰 명(마흔다섯 명, 마흔 명, 서른 명, 스무 명, 열 명) 있다면, 그래도 쓸어버리시렵니까?' 그러자 그분께서 대답하셨다. '그 쉰 명(마흔다섯 명, 마흔 명, 서른 명, 스무 명, 열 명)을 보아서라도 내가 파멸시키지 않겠다.'"(창세기 18,22-32)

"그들은 모두, 여러 여자와 예수님의 어머니 마리아와 그분의 형제들과 함께 한마음으로 기도에 전념하였다."(사

도행전 1,14)

"여러분도 살아 있는 돌로서 영적 집을 짓는 데에 쓰이도록 하십시오. 그리하여 하느님 마음에 드는 영적 제물을 예수 그리스도를 통하여 바치는 거룩한 사제단이 되십시오."(1베드로 2,5)

"그 뒤에 주님께서는 다른 제자 일흔두 명을 지명하시어, 몸소 가시려는 모든 고을과 고장으로 당신에 앞서 둘씩 보내셨다."(루카 10,1)

"평화가 너희와 함께! 아버지께서 나를 보내신 것처럼 나도 너희를 보낸다."(요한 20,21)

기도의 사도직은 교황님께서 매달 제시하시는 기도지향을 위한 범세계적인 기도 네트워크이다. 교황님 기도지향은 현대 세계에 대한 교황님의 우려와 관심을 표하고 있으며, 인류와 교회의 실질적인 도전을 담고 있다. 우리는 이 지향을 통해 우리의 기도와 행동이 정향 되길 바란다.

어떤 장소나 상황이든 자신들의 삶을 매일 일상에서 봉헌함으로써 그리스도의 사명에 협력하고자 하는 이들이 영적 네트워크를 구성한다. 우리를 하느님 아버지의 마음으로부터 세상의 마음으로 파견된 사도로 만든 불꽃이 바로 그리스도의 사명을 위한 부르심이다.

이 부르심에 초대받은 첫 번째 단체는 다양한 국적과 문화와 영성을 배경으로 하는 가톨릭 신자들이다. 기도의 사도직이 가지고 있는 다양성은 교회 일치에 기여할 것이다. 따라서 가톨릭 신자가 아닌 사람들도 여러 방식으로 이 네트워크에 참여할 수 있다. 교황님의 기도지향에 함축되어 있는 도전은 우리를 다른 전통의 그리스도인들 그리고 세상의 보다 큰 사랑과 정의를 위해 일하는 모든 이들과 협력하도록 이끌 것이다.

3) 인류가 직면한 도전과 교회의 사명

기도의 사도직은 매달 교황님으로부터 인류와 교회에 대한 교황님의 관심이 반영된 기도지향을 위임받는다. 우리는 이 지향에 따라 기도를 하고 동시에 사람들에게 알림으로써 더욱 많은 이들이 교황님과 함께 기도할 수 있도록 한다. 교황님과 함께 기도하는 것은 기도의 사도직이 보편 교회의 사명에 투신하고 있음을 드러내는 첫 번째 표지이다.

이 지향들을 통해 우리를 국제적인 이슈에 관심을 갖도록 초대하는 교황님의 지혜와 권위 있는 시선을 볼 수 있다.
그것은 전체 교회의 수장으로서 오늘날 인류가 겪고 있는 기쁨과 고통을 민감하게 바라보는 보편적 시선이다. 교황님의 지향은 우리가 기도와 삶 안에서 당면해야 하는 긴박한 도전이라고 볼 수 있다. 기도와 삶의 일치로 부름 받은 우리에게 교황님의 지향은 일상의 삶에 중요한 방향을 제시하고, 이에 우리는 일상에서 실천할 수 있는 것들을 찾는다. 또는 교황님의 기도지향에 따라 기도하는 한 달 동안 해당 이슈의 영역에서 일하고 있는 사람들이나 기관에 관심을 가지고 접촉하여 우리와 관심을 공유하는 그들과 동반자 관계를 수립할 수도 있다.

교황님 기도지향은 두 가지 유형으로 구분된다. 첫 번째는 '보편 지향'이고, 두 번째는 '복음화 지향'이다.
'보편 지향'은 가톨릭 신자를 포함해서 선한 의지를 갖고 있는 모든 이들이 관심을 갖는 내용이다. 따라서 보편

지향은 교회의 관심이지만 교회의 영역을 넘어선다. 기본적으로 보편 지향은 기술된 상황에서 교회의 책무와 세상의 정의와 평화를 위한 우리의 바람이다. 교황님은 우리가 이 지향에 따라 기도하고 행동하라고 초대하시며, 우리 각자를 세상과 일상으로 파견하신다. 우리는 또한 세상과 대화하고 세상을 위해 겸손하게 봉사하며 종교가 다르거나 생각이 다른 이들과도 협력한다.

이에 비해 '복음화 지향'은 교회의 삶에 영향을 주는 보다 직접적인 도전에 관심을 가지며, 복음화를 위해 교회가 더 나은 도구가 되려는 바람을 담고 있다.

교회의 선교는 단지 먼 나라에서 일어나는 일이 아니다. 교회 안의 모든 것은 선교와 관련이 있다. 이런 점에서 보편 지향과 복음화 지향 모두 선교와 무관하지 않다. 그것은 세례 받은 모든 이들이 어떤 구체적 도전에 주목하여 현대 세계에서 그리스도의 사명에 더 잘 봉사하려는 목적이기 때문이다. 두 가지 유형의 지향을 기도함으로써 우리의 시야는 세계적인 차원으로 확장될 수 있고 우리 형제자매들의 기쁨과 희망, 아픔과 고통에 동참할 수 있다.

일부 국가에선 주교들이 지역 교회의 기도지향을 추가하기도 하는데, 그것 역시 해당 지역에서 기도의 사도직이 맡은 봉사의 일부이다.

8. 예수성심 신심[20]

1) 그리스도교 영성의 심연(深淵), 예수성심

우리가 누군가를 몹시 사랑하게 되면 가슴이 저려 옴을 느낀다. 더욱이 상대방이 내 심정을 알아주지 못한다면 마음을 열어 보여주고 싶다. "내 마음이 이렇다. 나의 이 애타는 마음을 알아다오!" 그래서 예수님께서는 당신의 심장을 우리에게 내보이신다.

---

20 기도의 사도직 홈페이지 http://pwpnap.jesuit.kr 영성강좌 "사랑과 고독의 시원, 예수성심" 참조

  그리스도의 수난을 단순히 고문당하는 한 사람의 육체적 고통으로만 묵상할 수는 없다. 예수님 수난의 본질은 상처받으신 당신의 마음이다. 그래서 예수님께서는 마르가리타 성녀께 발현하시어 보여주신 당신의 심장에 십자가, 가시관, 창에 찔리신 상처가 있으며, 이 모든 고통이 당신의 불타는 사랑임을 보여주셨다. 이렇듯 예수성심에는 십자가의 수난과 사랑이 모두 포함되어있다. 당신의 고통이 바로 마음의 상처임을 보여주신 것이다. 따라서 예수님의 수난을 우리는 예수님의 심장이, 마음이 채찍질 당하시고, 십자가를 지시고, 못 박히시고, 죽으시는 고통으로 묵상하여야 한다. 예수님께서 받으신 마음의 상처는 결국 우리를 향한 당신의 그리움과 사랑이다. 하느님의 사랑과 열정이 육화하셨기에 예수님의 육체는 바로 하느님의 사랑과 열정이며 그분의 사랑과 열정은 예수님의 마음, 예수성심으로 집약된다.

 그분의 성심은 한없이 넘쳐흐르는 사랑의 샘물이며, 영원한 사랑의 실체이다. 우리가 믿는 신은 위대하다. 그 어떤 종교가 자신을 섬기는 인간들을 위해 목숨을 내어놓는가! 세상 사람들은 여러 신들을 믿고 있다. 하지만 대부분 그들의 신은 스스로를 위해 인간을 지배하거나 축복과 징벌을 주는 힘 있는 신이기에, 인간은 그저 복종해야 하는 심판관이자 감독관일 뿐이다. 이슬람교와 유대교의 신도 결코 인간을 위해 죽지 않는다. 하지만 우리가 믿는 신은 스스로 인간이 되시어 자신이 창조한 인간들을 위해 수난 당하시고 죽임까지 당하시는 다른 신들과는 비교도할 수 없는 사랑 가득하신 신이다. 그래서 우리의 신은 위대하다. 자신이 만든 질그릇을 아끼고 사랑하는 옹기장이는 많다. 하지만 자신이 만든 질그릇과 사랑에 빠지고 질그릇을 위해 죽는 어리석은 옹기장이는 없다. 우리가 믿는 신은 바로 그런 분이다. 안셀모 성인의 말대로 우리는 그분의 고통으로 구원된 것이 아니라, 그분의 사랑으로 구원된 것이다. 우리의 기도 또한 십자가의 고통을 향해 드리는 것이 아니라, 십자가 위에서 고통당하시는 그분의 사랑을 향해 드리는 것이다.

그분의 실체는 불타는 사랑이시기에, 모세가 떨기나무에서 보았던 불은 하느님께서 인류 구원의 역사를 당신의 실체 안에서 예시(豫示)하신 것으로, 그것은 불타는 예수성심의 사랑이다.〔탈출기 3장 "하느님께서 불타는 떨기 속에 나타나시다"〕예수성심은 모든 그리스도교 영성의 심연(深淵)이며 그리스도교 신앙의 시원(始原)으로 예수님의 마음은 곧 하느님의 마음이다. 그분의 마음은 또한 우리들 마음 안에 머무시며 세상에 당신의 사랑을 드러내신다.

우리는 교회의 모든 성사가 예수님의 옆구리 상처에서 흘러나왔다고 배웠다. 하느님의 사랑이 예수님의 마음, 심장에서 흘러나온 것이다. 따라서 교회는 예수성심, 예수님의 마음, 그분의 연민 어린 사랑에서 시작되었다. 우리 그리스도교의 신앙은 예수님과의 인격적 만남을 통해 그분과 친밀감을 형성하고 그분과 함께 인생의 여정을 걸으며 그분 사랑과의 일치를 향해 나아가기에, 예수성심은 우리 신앙의 원천이며 여정이며 목적이다.

2) 예수성심의 역사

예수성심 신심은 개인적인 신심에 머물다가 12~14세기 예수 그리스도의 인성에 대한 묵상이 활기를 띠면서 유럽에 널리 퍼지기 시작했다. 당시 대표적인 인물로는 성 베르나르도(1090~1153), 성 보나벤투라(1217~1274), 성녀 제르투르다(1256~1302), 성녀 가타리나(1347~1380) 등이 있었다. 하지만 이 신심이 전 세계적으로 확산된 계기는 성모 마리아 방문 수녀회의 성녀 마르가리타 마리아 알라코크(Margarita Maria Alacoque, 1617~1690)와 성녀의 영적 지도신부였던 예수회의 클로드 라 콜롱비에르(Claude La Colombière) 성인을 비롯한 예수회 사제들에 의해서이다. 오늘날 '하느님은 사랑이시다'라는 개념은 일반화되어 누구나 이야기하고 있지만, 당시 사람들은 얀세니즘

(Jansenism)의 영향으로 하느님을 두렵고 엄한 감독관으로 생각하고 있었다. 그래서 예수님께서는 발현하시어 '나는 사랑 가득한 사람이다'라며 당신의 성심을 드러내신 것이라 생각된다. 교회 내 왜곡된 하느님 사랑의 이미지는 예수성심 발현 이후 점차 제자리를 되찾게 되었다.

예수성심 신심은 예수님께서 직접 발현하시어 확인하여 주신 신심이다.[21] 마르가리타 성녀는 1675년 환시를 통해, "(1) 예수성심은 사람이 되신 하느님의 무한하신 사랑이다. (2) 예수성심은 사람들의 무관심, 모욕과 냉소 그리고 하느님의 은총을 잊고 사랑을 배신한 사람들에 의해 상처를 받으셨기에 희생과 보속을 통해 사랑의 상처를 기워 갚아라. (3) 매월 첫째 금요일에 영성체를 하고 매월 첫째 목요일 밤에 예수성심의 수난을 묵상하는 성시간을 가짐으로써 상처 입은 성심을 위로하라. (4) 성체성혈 대축일 다음 금요일에 성심을 공경하는 축일을 지내라"는 메시지를 받았다. 따라서 우리는 그분의 사랑을 사랑으로 응답하며 예수성심을 위로해 드리고, 의식적이든 무의식적이든 하

---

21   L. Levesque, 《예수성심 공경의 기원과 목표》 김정옥 譯, 예수성심시녀회, 2003, 257쪽 참조.

느님의 무한하신 사랑을 저버린 모든 이들을 위한 보속의 삶을 겸손한 마음으로 살아가는 것이다. 그리하여 우리는 예수성심의 사랑을 깨닫지 못하고 그분께 상처를 드리고 있는 세상 모든 이들의 죄를 보속하고, 그들의 회심을 위해 기도드리며, 그분의 사명에 동참하는 것이다.

예수성심께서는 마르가리타 성녀께 발현하시어 당신의 성심을 공경하는 이들에게 다음과 같은 약속을 하셨다.

1) 그들의 상황에 필요한 은총을 줄 것이다.

2) 그들의 가정에 평화를 줄 것이다.

3) 그들이 고통 중에 있을 때, 그들을 위로할 것이다.

4) 그들이 세상을 살아갈 때, 특히 임종 때 그들의 안식처가 될 것이다.

5) 그들이 하는 일에 풍성한 축복을 내릴 것이다.

6) 죄인들은 나의 성심에서 자비의 샘과 무한한 사랑의 바다를 찾게 될 것이다.

7) 미온한 영혼은 뜨겁게 타오를 것이다.

8) 열심한 영혼은 빠르게 완덕을 이룰 것이다.

9) 성심의 이미지를 두고 공경하는 모든 장소를 축복할 것이다.

10) 영혼 구원을 위해 일하는 사람들에게 완고한 마음도 움직일 수 있는 능력을 줄 것이다.

11) 이 신심을 전파하는 사람들의 이름을 내 성심에 새겨놓을 것이다.

12) 9개월 동안 연속해서 매달 첫 금요일에 영성체를 하는 이들에게 임종 때 구원의 은총을 줄 것이다. 그들은 성사의 은총 없이 죽지 않을 것이며, 나의 거룩한 성심은 그들의 임종 때 안식처가 될 것이다.

여기서 중요한 것은 예수성심을 공경하는 '마음'이다. 그러한 마음 없이 단순히 예수성심 성화나 성상을 모셨다고 해서 그 장소가 축복되어지는 것은 아닐 것이다. 그래서 마르가리타 성녀도 "그러기 위해서는 그분의 신성한 규범들에 합당하게 살아야 합니다"라고 말하였다.

성 콜롱비에르 경당 모자이크(프랑스 파레-르-모니알)

성시간 전례는 성녀 마르가리타 마리아 알라코크에 의해 시작된 후, 1829년 예수회 로베르 드브로스(Robert Debrosse) 신부는 이 신심을 전파하기 위한 단체를 프랑스 파레-르-모니알(Paray-le-Monial)[22]에 창설하였다.

1765년 클레멘스 13세에 의해 예수성심을 공경하는 축일이 공식적으로 인가되었으며, 1856년 비오 9세는 지역 교회 차원에서 지내던 예수성심 대축일을 보편교회로 확대하였고, 1899년 레오 13세는 예수성심께 전 인류를 봉

---

22 마르가리타 성녀가 예수성심 발현을 뵈었던 성모 마리아 방문 수녀원이 있는 프랑스 중부 마을.

헌하는 회칙을 발표하였다. 20세기 초 예수성심을 만물의 임금으로 섬기는 신심이 태동하였는데, 이에 1925년 비오 11세는 그리스도 왕 대축일을 제정하여 레오 13세에 의해 시작된 예수성심 대축일에 드리는 온 인류의 봉헌이 매년 갱신되기를 원했다. '성심의 교황'이었던 비오 12세는 예수성심 대축일 제정 100주년이 되는 1956년 예수성심 신심을 신학적으로 제시한 회칙 「물을 길으리라」(Haurietis Aquas)를 발표하며 "예수성심 신심이야말로 하느님의 사랑을 배우는 가장 효과적인 학교"라고 강조하였다.

베네딕도 16세 교황은 "예수성심은 모든 그리스도인들이 반드시 가져야 하는 신심"임을 강조하였다. 사실, 그리스도교를 논하며 그리스도의 마음을 배제한다는 것은 논리적으로 말이 되지 않는다. 반드시 언급하여야 한다. 우리의 신앙은 예수 그리스도의 마음에서 비롯되었기 때문이다.

3) 예수성심과의 인격적 만남

모든 사랑의 근원이신 하느님께서 육화하시어 우리 가

운데 머무신다. 이제 하느님께서는 우리와 같은 인간이 되시어, 우리와 같은 따뜻한 심장을 가지시고 우리와 인격적인 만남과 사랑을 하신다. 따라서 그리스도인들은 반드시 우리가 믿는 신을 사람으로 만나야 한다. 예수님과 인격적인 사랑을 함께 나누어야 한다. 유대교도 이슬람교도 하느님을 믿는다. 하지만 그들은 감히 자신들이 믿는 신을 인간으로 만나지 못한다. 오로지 그리스도교만이 자신이 믿는 신을 인간으로 만난다. 무엇보다 우리 그리스도교는 2000년 전 나자렛의 예수라는 한 사람으로부터 비롯된 종교임을 잊지 말아야 한다. 예수 그리스도는 인간이 되신 하느님의 사랑이며, 하느님의 사랑은 예수님의 마음, 예수성심으로 집약된다. 따라서 예수성심은 하느님의 신성과 예수님의 인성이 만나는 곳으로, 하느님께서는 예수성심, 예수님의 마음을 통해 우리와 인격적인 사랑을 나누신다.

우리의 관계에는 단순히 알고 있는 사람이 있고 인격적인 관계가 있다. 신문이나 TV에 나오는 사람들은 그저 그 사람에 대한 정보를 알고 있을 뿐, 우리와 아무런 인격적인 관계가 없다. 따라서 우리가 그저 머리로만 예수님이 어떤 분이신지 그분에 대한 지식과 정보만 알고 있다면 우리는 예수님을 알고 있는 사람들이지 결코 예수님과 인격적인 관계라 말할 수 없다. 예수님과 인격적인 관계에 있는 사람은 그분이 어떤 분이신지 알고, 어떤 아픔과 상처를 가지고 있는지 어떤 기쁨과 슬픔이 있는지 알며, 함께 아파하고 함께 기뻐하며 서로의 감정을 공유하는 사람들이다. 그것은 마치 우리가 세상에서 사람들과 인격적인 관계를 형성하는 것과도 같다.

그리스도인들은 자신이 믿는 신을 반드시 인격적으로 만나야 한다. 우리와 같은 따뜻한 심장을 가진 한 사람으로 만나 그분과 인간적인 감정의 교류를 하여야 한다. 사람들과의 만남에서 감정의 교류가 없다면 그것은 건조한 사무적 만남일 뿐이며 피상적인 관계일 뿐이다. 우리의 기도가 참된 인격적 만남이 되기 위해서는 기도 안에서 그분과 감정의 교류가 있어야 한다. 마음의 만남이 있어야 한다. 기도는 연출된 의례적 행위가 아니라 인격적 만남이기 때문이다.('Encounter, Not Performance' Frank Wallace, S.J.) 그것은 곧 예수님의 마음, 예수성심과의 만남이며, 우리는 따뜻한 심장을 가진 한 사람에게 기도하는 것이다.

따라서 머리로 기도하지 말고 마음으로 기도해야 한다. 예수님은 보이지 않는 하느님의 사랑이 인격화하신 분이기에 우리는 기도를 통해 그분과 인격적인 사랑을 나눈다.

우리는 무엇을 믿는 사람들이 아니라, 누군가를 믿는 사람들이다.('We do not believe in something, but we do believe in someone.' Thomas H. Green, S.J.) 인간은 어떻게 살아야 한다는 윤리 도덕 규범이나 하느님께서 세상을 창조하셨다는 역사적 사실이나 단순히 그분의 존재를 믿는 사람들이 아니라 한 사람을 믿는 종교이며, 무엇보다 그분을 사랑하는 종교이다. 세례자 요한의 제자들이 처음 예수님을 따라갔을 때, 예수님께서는 돌아서시어 그들에게 물으셨다. "무엇(something)을 찾느냐?"(요한 1,38) 하지만 부활하신 예수님은 마리아 막달레나에게 물으신다. "누구(someone)를 찾느냐?"(요한 20,15) 우리도 처음엔 무엇(something)을 찾아왔지만, 이제 부활하신 예수 그리스도(someone)를 찾는다.(Thomas H. Green, S.J.) 이것이 바로 우리의 영적 여정이다. 내게는 하느님의 위로가 필요한가? 위로의 하느님이 필요한가?(Frank Wallace, S.J.) 우리는 무엇(something)을 찾는 사람들이 아니라, 누군가(someone)를 찾는 사람들이다.

예수성심이 바로 그 someone의 결정체이다.

 이렇듯 우리는 신앙 여정을 통해 하느님을 인격적인 관계로 만나며 우리와 같은 사람으로 예수님과 인격적인 만남을 하게 된다. 따라서 우리 신앙의 일차적인 목표는 예수님과의 인격적인 만남이다. 특별히 이냐시오의 복음관상을 통해 우리는 복음을 단순히 지식과 정보가 있는 텍스트가 아닌 인간의 감정라인을 가지고 묵상한다. 성경을 묵상하는 것은 인간이 어떻게 살아야 하는지에 대한 도덕 규범을 알기 위함이 아니다. 그런 것들은 많은 사람들이 이야기했고 심지어 초등학교 교과서에도 있다. 우리가 성경을 묵상하는 이유는 그분이 어떤 분이신지를 알기 위함이다.(Thomas H. Green, S.J.) 세례 역시 인간의 보편적 선(善)을 내 규범으로 삼고자 단순히 인생의 가이드라인을 찾기 위함이 아니라 주님과의 인격적인 만남을 위한 것이다. 우리의 신앙은 예수님의 윤리적 개념을 이해하고 받아들이는 것이 아니라 그분 마음과의 인격적 만남을 위한 것이기에, 예수님과의 인격적 만남은 우리 신앙에 중요한 요소이다.

4) 주님 사랑 안에 머물다

우리가 피정을 다녀온 직후에는 불편한 사람들을 대할 때 평소와 달리 관대하게 대하는 자신의 모습을 보곤 한다. 그러다 시간이 지나면 전처럼 그 사람이 또 불편해지기 시작한다. 왜 이런 일들이 반복되는 것일까? 답은 바로 그 안에 있다. 피정 때는 온통 하느님 생각으로 나를 채워 내 안에 주님의 사랑이 가득하지만 시간이 지나면서 점차 하느님의 사랑을 버리고 내 사랑으로 마음을 채우기 때문이다. 그래서 일상에서도 지속적인 기도가 필요하다. 기도를 통해 그분의 선하심과 거룩함을 마음에 담아야 한다.

사랑하고픈 사람이 어느 날 나를 찾아와 먼저 내게 사랑을 고백한다면 얼마나 황홀한가! 그때는 세상 모든 것이 아름답게 보이고 마치 사랑이 하늘에서 떨어지는 듯한 느낌일 것이다. 이때는 누구나 어떤 일에든, 어떤 사람에게든 관대하다. 늘 싱글벙글하고 기쁨으로 가득한 모습을 볼 수 있다. 이렇듯 주님과 사랑에 빠져도 우리는 온종일 그분 생각과 기쁨으로 가득하게 된다. 이것이 바로 주님 사랑 안에 머문다는 의미이다. "너희는 내 사랑 안에 머물러라."(요한 15,9ㄴ) 이것은 내가 주님께 사랑받는 존재임을 느끼면서 주님 사랑 가득 일상을 살아가는 것이다. 이때 우리의 현존 자체는 곧 기도가 된다. 우리에게는 이 같은 사랑 체험이 반드시 필요하다. 예수님의 사랑으로 가슴 뜨거워지는 기쁨 가득한 순간, 이것이 예수성심의 체험이다. 내가 누구를 사랑하고 있고 누군가에게 사랑받고 있을 때 세상과 사람들이 다르게 보일 것이다. 바로 그 체험을 하는 것이다. 그것은 한 사람과의 인격적인 사랑 체험이다.

사실 우리 스스로 누구를 용서하고 사랑하는 것은 어렵다. 내가 아니라 내 안에 계신 주님의 사랑이 그를 용서하고 사랑하는 것이다. 내가 사랑을 만들어 다른 이들에게 사랑을 전하는 것이 아니라, 주님의 은총과 사랑으로 나를 채우고 그분 평화 안에 머물며 그분의 사랑을 전하는 것이다. 그러므로 우리가 다른 이들에게 사랑을 전하기 위해서는 무엇보다 먼저 나와 하느님과의 관계가 사랑으로 채워져야 한다. 열매를 청하지 말고 먼저 가지가 나무에 붙어있기를 청해야 한다. 그것이 주님과의 인격적 관계이다. "내 안에 머물러라. 나도 너희 안에 머무르겠다. 가지가 포도나무에 붙어있지 않으면 스스로 열매를 맺을 수 없는 것처럼, 너희도 내 안에 머무르지 않으면 열매를 맺지 못한다. 나는 포도나무요 너희는 가지다. 내 안에 머무르고 나도 그 안에 머무르는 사람은 많은 열매를 맺는다. 너희는 나 없이 아무것도 하지 못한다."(요한 15,4-5)

"누가 네 오른뺨을 치거든 다른 뺨마저 돌려대어라."(마태오 5,39)는 말씀을 우리가 그저 텍스트나 교통 신호등과 같이 지켜야 할 규정으로만 본다면 절대 실천할 수 없다. 주님 사랑 안에 머물 때만 가능하다. 그건 사랑의 힘이다. 그래서 이렇게 말한다. "예수성심이 답이다!" 많은 이들이 주님의 계명을 지키는 것이 어렵다고 한다. 내가 하려고 하니 어려운 것이다. 인간은 할 수 없다. 그러나 하느님은 하실 수 있다. 나는 그저 겸손하게 빈자리를 그분께 드리고 그분께서 일하시도록 맡기는 것이다. "사람에게는 그것이 불가능하지만 하느님께는 모든 것이 가능하다."(마태오 19,26) 그래서 우리는 "주님, 제게 당신 사랑을 주소서"라고 겸손되이 기도드린다. 그분의 사랑이 내게 가득하면 그때 가능하기 때문이다. 그분의 사랑은 예수님의 마음, 예수성심을 의미한다.

우리가 주님 사랑 안에 머물며 그분 사랑으로 가득하면 그 사랑이 넘쳐 이웃에게 전해질 것이다. 그러나 기도는 열심히 하는데 그만큼 살아가지는 못하는 사람들을 우리는 종종 본다. 그것은 마음 안에 주님의 사랑은 있지만 넘쳐흐를 정도는 아니기 때문이다. 그래서 우리는 예수성심과의 인격적 만남을 통해 내 마음 안에 주님의 사랑이 가득하기를 청한다.

5) 어떻게 예수성심의 사랑을 체험할 수 있을까?

우리에게는 강사나 필자의 체험이 아니라 자신만의 고유한 하느님 체험이 필요하다. 강사나 필자가 머리로 이해한 것은 말이나 글을 통해 사람들을 이해시킬 수 있지만 마음과 느낌으로 체험한 것은 쉽게 설명할 수가 없다. 지식과 정보만으로 사랑할 수 있나? 머리가 아닌 마음이 움직여야 한다. 정보화된 현대의 우리는 이미 구원되고도 남을 충분한 지식과 정보를 가지고 있다. 하지만 그것들이 나를 구원으로 이끌지는 못한다. 중요한 것은 머리로 그분의 사랑을 이해하는 것이 아니라 마음으로 체험하는 것이다. 체험은 그 느낌과 감정을 지금도 기억하고 있는 것을 말한다. 따라서 우리에게는 예수님 사랑으로 가슴 뜨거워지는 체험이 필요하다. 사랑은 이해하는 것이 아니라 체험하는 것이기 때문이다. 우리의 신앙 역시 이해가 아니라 체험하는 것이다.

언젠가 한 분이 찾아와 "참으로 회심의 삶을 살고 싶습니다. 머리로는 다 아는데 실천할 수가 없습니다. 어떻게 참된 회심의 삶을 살아갈 수 있을까요?"라고 물었다. 우리는 어떻게 참된 회심의 삶을 살아갈 수 있을까? 회심은 단순히 인간의 보편적 선을 지키는 것이 아니라, 마음이 그분께 되돌아오는 것이며 한 사람의 사랑을 받아들이고 내 사랑을 내어드리는 것이다.

사람은 참으로 사랑받는 체험을 할 때 변한다. 우리는 하느님의 한없는 사랑을 머리로 이해할 때가 아니라 마음으로 체험할 때 비로소 변화될 수 있다. 바로 그러한 체험이 필요하다. 그렇다면 어떻게 우리는 하느님의 사랑을 체험할 수 있는가?

그것은 기다림이다. 성령의 바람이 언제 어떻게 어디로

부는지 우리는 알 수 없다. '무지의 구름' 작가는 책에 이렇게 썼다. "누군가 '그렇다면 어떻게 제가 그런 체험을 할 수 있습니까?'라고 묻는다면, 나는 '그것은 나도 모릅니다'라고 답할 수밖에 없다."(no. 34) 그렇다. 그것은 오로지 성령의 은총이기에 우리가 무엇을 어떻게 한다고 해서 되는 것이 아니다. 오직 그분만이 하시는 일이다. 따라서 우리는 그저 기다릴 뿐이다. 내가 원하는 때가 아니라 당신께서 원하시는 그때를 기다릴 뿐이다. 그렇다면 우리는 어떻게 기다릴 것인가?

바로 시메온과 한나와 같이 믿음과 인내심을 갖고 기다리는 것이다. 시메온은 "그리스도를 뵙기 전에는 죽지 않으리라"는 성령의 말씀을 신뢰하며 기다렸다. 그리고 아기 예수님을 받아 안고 "주님, 이제야 제가 당신의 구원을 보았습니다"라며 기뻐하였다. 또한 한나는 성전을 떠나지 않고 밤낮으로 주님을 섬기며 기도하고 있었다.(루카 2,25-38) 우리는 바로 시메온과 한나와 같이 믿음과 인내심을 가지고 성전에서, 주님 안에서 성령의 바람을 기다리는 것이다.

예수성심의 사랑을 체험하는 것은 한 사람과의 인격적

인 만남이기에 결코 지식과 정보만으로 체험할 수는 없다. 그렇다면 우리는 어떻게 예수성심의 뜨거운 사랑을 체험할 수 있을까? "기도하십시오!" 성령께서는 분명 예수성심의 사랑을 체험하게 해주실 것이다. 우리의 개인적인 문제는 주님의 뜻과 내 뜻이 다를 수 있지만 이러한 기도는 주님의 뜻과 내 뜻이 온전히 일치하기에, 아니 오히려 나보다 그분이 더 원하시기에 반드시 들어주신다. 다만 그분이 원하시는 때가 있을 뿐이다. 따라서 우리는 한나와 시메온처럼 믿음과 인내심을 가지고 영적 열망과 갈망의 애절한 기도를 그분께 드리는 것이다.

영성의 필수적 요소, 의지

모든 그리스도인들이 회심과 참된 그리스도인의 삶을 살고자 하는데 왜 하지 못하는 것일까? 그것은 '반드시' 하겠다는 애절한 의지가 없기 때문이다. 과연 우리가 참된 그리스도인이 되기 위해 악착같이 노력해보았는가? 우린 그저 "그렇게 살고 싶다. 하지만 나의 나약함 때문에 할 수 없다"는 생각만 하고 있지 않은가! 운동을 악착같이 연습한다고 모두 성공하는가? 일을 악착같이 한다고 모두 성공하는가? 악착같이 해도 될까 말까 한 것이 세상의 이

치가 아닌가? 그런데 어찌 애절한 열정도 없이 단순한 바람만으로 참된 회심을 할 수 있겠는가!

"너희는 마음을 다하고 목숨을 다하고 힘을 다하여 주 너희 하느님을 사랑해야 한다."(신명기 6,5) 이것이다. '의지'는 우리의 영성을 한 단계 업그레이드하는 필수적인 요소이다. 이러한 '의지'가 없기에 영적 체험을 한 사람들도 다시 전으로 돌아가는 것이다. 그것이 바로 모래 위에 집을 지은 것이며 가시덤불 속에 뿌려진 씨이다. "그러나 나의 이 말을 듣고 실행하지 않는 자는 모두 자기 집을 모래 위에 지은 어리석은 사람과 같다."(마태오 7,26) "말씀이 가시덤불 속에 뿌려지는 것은 또 다른 사람들이다. 이들은 말씀을 듣기는 하지만, 세상 걱정과 재물의 유혹과 그 밖의 여러 가지 욕심이 들어가, 그 말씀의 숨을 막아 버려 열매를 맺지 못한다."(마르코 4,18-19) 체험을 한 후에 아무것도 하지 않는다면 흐르는 물 위의 오리처럼 그냥 떠내려가기 마련이다. 그래서 예수님은 말씀하신다. "나와 함께 모아들이지 않는 자는 흩어버리는 자다."(루카 11,23) 하지 않으면 흩어버리는 것이다. 따라서 하느님을 그냥 사랑하면 안 된다. 힘을 다해 사랑해야한다. 적당히 여분의 사랑을 주님께 드리는 것이 아니라, 힘을 다해 사랑해야 회심에 이를 수 있을 것이다. 특히 일상의 유혹이나 무료한 일상에서도 힘을 다해 의지적으로 사랑의 마음을 드리는 것이 중요하다.

우리 영적 여정에는 세 포인트가 있다. 그것은 '부르심(세례)', '체험', '의지'이다. 여기에는 벽이 2개가 있다. 하나는 '부르심(세례)의 벽'이고, 다른 하나는 '의지의 벽'이다. 이것을 깨야 한다.

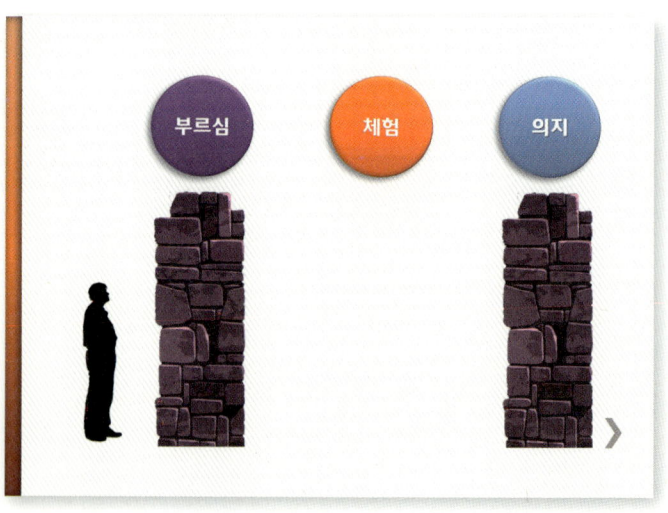

 우리는 이미 '부르심(세례)의 벽'을 깨었기에, 이제 '의지의 벽'을 깨야 한다. 그저 뜨거운 체험을 하고 또 식어지는 것을 반복하며 '체험' 단계에 머물러서는 안 된다. 물론 이러한 의지를 갖는 것 또한 쉽지 않을 것이다. 그러나 하느님은 하실 수 있다. "사람에게는 그것이 불가능하지만 하느님께는 모든 것이 가능하다."(마태오 19,26) "믿는 이에게는 모든 것이 가능하다."(마르코 9,23) 그래서 그분을 신뢰하고 그분께 겸손하게 의탁하는 것이 중요하다.

 토마스 그린(Thomas H. Green) 신부는 기도의 3단계를

'알아가기, 체험하기, 사랑하기'라고 말하며 바로 '사랑하기'에서 변화가 일어난다고 했다. 따라서 우리는 부르심을 통해 그분을 알아가고, 그분의 사랑을 체험하며, 의지를 가지고 그분을 사랑하는 것이다.

6) 예수님의 마음을 위로해드림

"모욕이 제 마음을 바수어 저는 절망에 빠졌습니다. 동정을 바랐건만 허사였고 위로해 줄 이들을 바랐건만 찾지 못하였습니다."(시편 69,21)

예수님께서는 겟세마니 동산에서 고통 속에 기도하시던 중 제자들을 찾아가신다. 왜 예수님께서는 제자들을 찾아 가셨을까? 인간적인 위로가 필요하셨던 것이다. 당신의 수난과 고통을 함께하며 당신 옆을 지켜줄 사람을 찾으신 것이다. 제2차 바티칸 공의회에서는 교회 밖에도 구원이 있다고 선포하였다. 그렇다면 우리는 왜 세례를 받을까? 우리 그리스도인들은 그리스도의 제자로, 사도로 부름 받은 사람들이며 특별히 겟세마니의 제자들처럼 위로를 받으시고자 당신께서 택하시어 세례성사를 주신 사람들이다. 베드로와 야고보와 요한처럼 따로 부르신 것이다.(마르코 14,33) 따라서 우리는 예수님께서 가장 힘들고 고통스러운 시간에 그분과 함께하며 그분의 마음을 위로해드리는 사람들이다.

그렇다면 상처받으신 예수성심을 위로해드리기 위해 우리는 무엇을 할 수 있을까?

첫째, 그분의 마음을 공감하며 함께 하다

우리는 아무도 자신의 마음을 공감하지 않을 때 외로움을 느낀다. 혼자 있어서 외로운 것이 아니라 사람들과 소통이 없을 때 외롭다.

 예수님께서 십자가 위에 매달리시어 세상을 내려다보시는데, 사람들은 각자 자신들의 일로만 분주하고 아무도 주님을 바라보지 않는다면 얼마나 극심한 고독감에 빠지실까? 많은 사람들이 미사에 참석하여도 아무도 그분의 마음을 공감하지 않는다면 그분은 또 외로우실 것이다. 골고타 언덕에 모였던 사람들이 모두 예수님의 마음을 헤아렸을까? 모였다고 모두 공감하는 것은 아니다. 우리가 예수님의 마음을 공감할 때, 그분은 위로를 받으실 것이다. 일상적인 인간관계에서도 누군가 내 감정을 공감할 때 얼마나 큰 위로를 받는가! 힘들 때, 누군가 함께 아파하기만 해도 우리에게는 큰 위로가 된다. "많이 힘드시지요?" 그래서 우리는 인간이셨던 예수님의 마음, 그분의 감정을 함께하며 공감하는 것이다.

 특별히 매월 첫 목요일 저녁에 지내는 성시간은 겟세마니 동산에서 고통 중에 계시는 예수님 곁에 함께 하며 그분을 위로해드리는 시간이기에, 이때는 그저 그분과 함께하는 것이 중요하다. 예수님께서는 고통 속에서, 시간과 공간을 초월하여 2000년 후 지금 우리들의 기도 소리를 들으시며 위로와 힘을 받으셨을 것이다. 우리의 기도 소리가 2000년 전 그분의 귓가에 맴도는 것이다. 우리는 기도를 통해 고통 속에 계신 그분의 손을 잡아드리며 그분께 위로와 힘을 드린다. "주님, 제가 지금 당신과 함께 하고 있습니다."

우리가 일상의 삶을 살아가면서 예수님께서 당신 마음으로 느끼셨던 연민, 상처, 고통, 기쁨과 슬픔의 감정을 내 심장으로, 내 마음으로 느낀다면 그 얼마나 놀라운 일인가! 진흙 덩어리에 불과한 나 같은 미물이 예수님의 심장으로 느꼈던 그 감정을 내 가슴으로 함께 공유하다! 참으로 영광스러운 일이 아닌가! 그렇다면 오늘 하루 나는 예수님께서 마음으로 느끼셨던 감정을 언제 내 마음으로 느끼며 그분과 함께하였는가?

둘째, 그분의 사랑을 잊지 않고 기억하다

우리가 사랑하던 누군가를 떠나보냈을 때, 만일 그 사람이 나와의 사랑을 모두 잊고 살아간다면 얼마나 허무한 감정을 느낄까? "내가 그런 존재였나? 그동안의 내 사랑은 무엇인가?" 그래서 우리는 예수님의 고난과 그분의 사랑을 잊지 않고 미사 때마다 기억한다. 죽음에까지 이르셨던 그분의 고통과 사랑을 기억하는 것이다.

기도 중에 최고의 기도는 미사이다. 그리고 미사의 중심은 성찬례이다. 최후의 만찬, 골고타 언덕 그리고 우리들이 드리는 미사성제는 신비롭게 연결되어 있다. 성찬례 때 예수님은 다음과 같이 말씀하신다. "이는 너희를 위한 내 몸이다. 너희는 나를 기억하여 이를 행하여라."(1코린 11,24) "이 잔은 내 피로 맺는 새 계약이다. 너희는 이 잔을 마실 때마다 나를 기억하여 이를 행하여라."(1코린 11,25) 당신의 사랑을 잊지 말고 기억하라는 말씀이다. 따라서 우리는 성찬례를 통해 그분의 사랑을 기억하며, 최후의 만찬 때 당신께서 베푸신 성체성사를 미사 때마다 거행하고 있다. 이는 그분의 죽음과 그 사랑을 기억하며 "주님, 저희가 당신의 사랑을 이렇게 잊지 않고 기억하고 있습니다"라고 고백하는 것이다.

"너희는 나를 기억하여 이를 행하여라."(루카 22:19) 우리가 그분의 사랑을 이렇듯 잊지 않고 기억한다면, 그분의 마음은 위안을 받으실 것이다.

셋째, 일상의 십자가를 사랑하다

유대교와 이슬람교와 달리 우리 그리스도교에는 십자가가 있다. 따라서 우리가 십자가를 마냥 거부한다면 우리는 그리스도인이라고 할 수 없다. 그리스도인이라면 지금 반드시 십자가를 가지고 있어야 한다. 특별히 우리 그리스도인들은 시몬과 같이 십자가의 길을 함께 하는 그분의 협력자로 부르심을 받은 사람들이다. 그래서 예수님께서는 성경에서 지속적으로 자신의 십자가를 지고 나를 따르라고 말씀하셨다. "누구든지 내 뒤를 따라오려면, 자신을 버리고 날마다 제 십자가를 지고 나를 따라야 한다."(루카 9,23) 시몬은 자기가 무슨 십자가를 지고 가는지 몰랐다. 하늘나라에 가서야 시몬은 그것이 얼마나 영광스러운 것이었는지 깨달을 수 있었다. 우리도 일상생활에서 주어지는 십자가들이 어떤 십자가인지 지금은 알 수 없다. 죽은 후에 우리는 그것이 얼마나 영광스러운 십자가인지 깨닫게 될 것이다. 그래서 십자가는 신비이다. 신비란 인간의 영역이 아닌 하느님의 영역이라는 뜻이다.

십자가를 사랑하지 않으면서 그리스도를 사랑한다는 것은 거짓이다. 사랑하는 사람이 아프기에 나도 함께 아픈 것이다. 어찌 사랑하는 사람에게 "나와는 좋은 일과 기쁨만 함께 나누고 어렵고 슬픈 일은 내게 말하지 말고 당신 혼자 감당하세요"라고 말할 수 있겠는가! 일상의 인간관계에서 그런 사람을 사랑하는 사람이라고 말할 수 있겠는가! 그분을 진정 사랑한다면, 그분의 고통과 슬픔을 함께 할 것이고 일상에서 주어지는 자신의 십자가를 기꺼이 받아들이게 될 것이다. 이것이 단순히 믿는 사람과 사랑하는 사람과의 차이이다. 십자가를 사랑하지 않는 사람은 예수님을 믿을 수는 있어도 사랑하지는 않는다. 따라서 내 일상의 십자가를 사랑하는 것이 바로 그분을 위로해 드리는 것이다. 그것은 사랑하는 사람의 아픔과 함께 하는 것이기 때문이다.

내 일상의 십자가가 누군가의 구원에 도움이 된다는 것을 생각해보았는가? 물론 내 십자가와 관련된 누구일 수도 있지만 내 십자가와 전혀 관계없는 알지 못하는 어떤 이의 구원이 될 수 있다. 파티마의 성모님께서 죄인들의 회개를 위해 어린아이들에게 단식과 희생을 권고하시는 것도 이 때문이다. 그 아이들의 작은 희생이 그들이 전혀 모르는 어떤 이들의 구원에 도움이 되기 때문이다. 따라서 십자가는 신비이다. 우리는 자신의 십자가를 통해 하느님 구원사업에 함께 하는 것이며 우리의 희생과 보속은 예수님의 십자가 고통을 함께하는 것이다. 이것이 곧 예수님께서 사람들에게서 받으신 마음의 상처를 함께 하며 그분을 위로해 드리는 것이다.

여기서 내 일상의 십자가를 사랑한다는 것은 오늘 내게 주어진 삶과 상황을 그 어떤 경우든 불평하지 않고 받아들이는 것이다.

넷째, 회심의 삶을 살아가다

회심(悔心)은 단순히 규칙과 규정을 지키는 것이 아니라 마음이 그분께로 되돌아오는 것이다.(not something, but someone) 그래서 회심에는 이미 인격적인 의미가 있지만 이를 강조하여 '인격적 회심'이라고 말하고자 한다.

사무적인 관계에서는 규칙을 어긴 것이 죄가 된다. 직장에서는 회사 사규를 어기거나 회사에 손해를 입혔을 때 죄이다. 하지만 부부관계나 부모와 자녀 관계 그리고 사랑하는 사람들에게는 '사랑하지 않은 것'이 죄다. 외형적으로 아무런 흠이 없다 하더라도 마음으로 사랑하지 않으면 그것이 죄이다. 가족은 사무적인 관계가 아니라 개인적이고도 친밀한 관계이기 때문이다.

매주 주일미사에 참여하고, 때론 기도도 하고, 규정을 어기지 않았기에 나는 할 바를 다했다고 말할 수 있는가? 주님과 우리는 사무적인 관계가 아니라 사랑하는 관계이기에 마음으로 사랑하지 않으면 그것이 죄이다. 아빌라의 성녀 데레사는 자신을 끊임없이 죄인이라고 고백하였다. 더 사랑하지 못한 것, 더 주님과 함께하지 못한 것, 더 주님과 일치하지 못한 것, 그것이 바로 그녀에게는 죄였던 것이다. "당신을 사랑하지 못해, 당신 사랑에 응답 드리지 못해 죄를 지었습니다." 이것이 죄의 본질이다. "죄는 단순히 규칙을 어긴 것이 아니라 사랑하지 않은 것"이다. 율법과 규칙을 어긴 것은 주님을 사랑하지 못한 것에 대한 피상적인 결과물이다. 따라서 회심은 인격적 관계의 복원인 인격적 회심이어야 한다.

성인이 된다는 것도 규칙을 잘 지키는 사람이 아니라 주님의 사랑이 가득한 사람을 의미한다. 아무것도 하지 않으면 아무런 규칙도 어기지 않을 것이다. 하지만 죄의 본질은 사랑하지 않은 것이기에, 우리는 사랑하는 마음과 감정으로 그분과 함께하여야만 한다. 따라서 회심은 결국 '그분을 사랑하는 것'이다. 그분은 자신의 생명을 버리면서까지 우리를 사랑하시는 분이기에 그분과 우리는 사무적인 관계가 아니라 지극히 개인적이고 친밀한 사랑의 관계이다. 사무적인 관계에서는 규칙이 중요하다. 하지만 사랑의 관계에서는 사랑이 중요하다. 오히려 사랑의 관계에서는 규칙을 어기더라도 서로 신뢰가 있기에 관계를 무너뜨리지는 않는다.

회심을 통해 우리는 상처받으신 예수성심을 치유해드린다. 그것은 나로 인해, 세상 사람들로 인해 받으신 상처이다. 우리가 참으로 회심을 한다면, "세상과 사람들이 다르게 보일 것이다." 그것은 내 안에 주님의 사랑이 가득하기 때문이다. 그때 이웃의 아픔과 세상의 아픔이 보일 것이다.

다섯째, 사랑을 사랑의 마음으로 응답 드리다

그분을 참으로 위로해드리기 위해 우리는 그분께 내 사

랑의 감정과 마음을 드리는 것이 중요하다. 메마름 중에서도 의지적으로 내 사랑의 감정을 그분께 드리는 것이다. 그리하여 마치 사랑하는 사람 앞에서 넘쳐흐르는 사랑의 감정으로 마주하듯 있는 것이다. 그분께서 주신 사랑 안에 머무는 것과 내가 사랑의 마음을 일으키어 그분 안에 있는 것은 다르다. 규칙과 규정을 지키는 것만으로는 부족하다. 그분을 사랑해야 한다. 주님을 향한 사랑이 내게 가득하면, 그 사랑이 넘쳐 우리는 자연스럽게 이웃을 사랑하고 주님의 계명을 지키게 될 것이다.

이렇듯 우리가 그분을 위로해드리기 위해 내 사랑의 마음을 그분께 드린다면 그것이 곧 기도이다. 그리하여 우리는 그분의 사랑을 내 사랑으로 응답 드리며 일상의 삶에서 그분을 위로해드리고 그분을 기쁘게 해드리는 것이다. 이것은 예수성심과의 인격적이고 친밀한 만남을 통해 이루어진다.

우리 그리스도교의 신앙은 축복을 받기 위함도 아니고, 벌을 받을까 봐 두려워 계명을 지키는 것도 아니며, 인생이라는 시험을 통과하기 위함도, 인생을 그저 의미 있고 가치 있게 살기 위함도 아니며, 단순히 영원히 살기 위함도 아니다. 영원히 사는 것, 그 자체가 목적이 될 수는 없다. 우리의 신앙은 창조주를 사랑하기 위함이며 그것은 그분께서 보내주신 예수 그리스도를 사랑하는 것이다. 사랑받기 위해 태어났다는 것은 너무 소극적이다. 우리는 그분을 사랑하기 위해 태어났다.

> "나의 하느님, 당신을 사랑합니다. 저는 당신을 사랑합니다! 저의 소명, 마침내 저는 그것을 찾았습니다. 제 소명은 바로 사랑입니다. 그렇습니다. 저는 교회의 품 안에서 제 자리를 찾았습니다. 저의 어머니이신 교회의 심장 안에서 저는 '사랑'이 될 것입니다."(소화 데레사)

7) 예수성심 영성의 요점

예수성심 영성의 핵심은 그분의 사랑을 체험하고 그분께 내 사랑을 내어드리는 것이다. 따라서 다음과 같이 정리할 수 있다.

- 그분의 사랑으로 가슴 뜨거워지는 '사랑받는 체험'
- 주님 사랑 안에 머무름
- 주님과의 친밀한 인격적 만남
- 그분의 마음과 함께하며 그분의 마음을 위로해 드림

- 그분의 사랑을 내 사랑의 마음으로 응답 드림
- 예수성심과 하나 되어 세상으로, 일상으로 파견됨

'성시간 전례'와 '성체조배'는 우리가 예수성심의 사랑 안에 머물며 그분을 위로해드리고 내 사랑을 드리는 훌륭한 기도이다.

8) 예수성심과 성모성심

예수성심은 하느님의 사랑을 인간에게 내어주신 것이고, 반면 성모성심은 인간의 사랑을 하느님께 내어드리는 것이다. 이는 곧 예수성심의 사랑을 체험하고 그분께 사랑으로 응답드리는 것이다. 따라서 동전 앞뒷면처럼 예수성심과 성모성심은 반드시 함께하여야 한다. 예수님의 심장은 성모님의 태중에서 잉태되셨기에 성모성심은 예수성심을 품고 계시다. 따라서 성모신심이 깊어지면 반드시 예수성심을 만나게 될 것이다. 아직 성모신심은 있는데 예수성심을 만나지 않았다면, 더욱 성모신심 깊이 들어가 성모성심께서 품고 계신 예수성심을 만나야 할 것이다. 성모성심은 예수성심으로 들어가는 문이다.

영원한 도움의 성모님

 이 성화는 초대 교회 때부터 전해 내려오는 작가 미상의 이콘으로, 원본은 구속주회 소속인 로마 성 알폰소 성당에 모셔져 있다. 교황 비오 9세는 구속주회 회원들에게

'영원한 도움의 성모 신심'을 전 세계에 전파할 것을 당부하였고 이에 구속주회는 '영원한 도움의 성모님께 드리는 기도'를 만들어 보급하고 있다. 이 성화와 관련하여 한국에는 '영원한 도움의 성모 수녀회'가 있다.

어린 예수는 어느 날 미래에 자신이 겪어야 할 수난의 도구를 들고 있는 두 천사의 환시를 보고 너무나 두려운 나머지 황급히 성모님의 품으로 달려가 안기는 모습이다. 어린 예수의 공포가 얼마나 컸던지 자신의 신발이 벗겨질 정도로 다급히 성모님의 품으로 안기었고, 어머니의 큰 손은 전율하고 있는 어린 예수의 작은 손을 포근히 감싸고 있다.(그림에서 오른쪽에 있는 천사는 가브리엘 대천사로 십자가와 못을 들고 있고, 왼쪽에 있는 천사는 미카엘 대천사로 창과 쓸개가 담긴 그릇과 해면을 잡아맨 막대기를 들고 있다.)

그림에서 보듯, 삼위일체 하느님이신 예수님께서는 공포와 두려움 속에 성모님의 품에 안기어 위로를 받고 계신다. 예수님께서도 이렇듯 두려운 상황에 당신의 어머니이신 성모 마리아의 품으로 피신하여 위로를 받으신 것이다. 따라서 성모님의 품은 창조주이신 삼위일체 예수님조

차 피하여 위로를 받으신 실로 어마어마한 품이다.

그렇다면, 이 성화가 우리에게 주는 의미는 무엇인가?

우리 또한 예수님과 같은 마음으로 우리의 모든 두려움과 상처와 고통 중에 성모님께 굳은 신뢰심을 가지고 의탁하는 삶을 살아가는 것이다. 그분은 언제든 우리를 어머니의 사랑으로 도우시고 위로해 주실 것이다. 창조주 하느님의 아들이신 예수님마저 위로를 받으셨던 그분께 우리 또한 어린 예수님이 그러셨듯이 신뢰심을 갖고 의탁하는 것이다.

또한 이 성화에서 인간적인 공포심에 휩싸인 어린 예수님을 성모님께서 당신의 품에 안으시고 당신의 따뜻한 사랑과 위로를 주셨듯이 우리도 십자가의 길을 걸으시며 고통과 슬픔, 두려움과 공포 그리고 고독 속에 계신 예수님을 성모님처럼 품에 안고 그분의 마음을 위로해드리는 것이다. 그것은 인간이신 예수님께 인간적인 위로를 드리는 것이다.

따라서 이 성화는 예수님처럼 우리가 고통과 두려움 중에 있을 때 성모님께 의탁하고, 성모님처럼 고통과 고독 속에 계신 예수님을 위로해드리는 두 가지 의미를 생각할 수 있다.

9) 예수성심과의 일치는 나 자신과의 일치요, 형제와의 일치이다

하느님께서 우리를 당신 사랑으로 창조하셨기에 우리는 그분 사랑의 현존이다. 우리 안에 하느님의 사랑이 현존하지 않는다면, 우리가 어찌 하느님의 사랑을 이야기하고 서로 사랑을 나눌 수 있겠는가! 인간의 모든 사랑은 하느님 사랑의 현현(顯現)이다. 하느님께서는 당신의 사랑을 사람들을 통해 세상에 드러내신다. "사랑은 하느님에게서 오는 것이기 때문이다."(1요한 4,7ㄴ) 그래서 우리는 인간의 사랑을 통해 하느님의 사랑을 체험한다.

왜 이웃에게 한 것이 곧 주님에게 한 것인가? 왜 이웃을 내 몸같이 사랑해야 하는가?

우리 모두는 하느님께서 거하시는 성전이다.(2코린토 6,16) 주님께서는 성령의 현존을 통해 끊임없이 내 안에서 육화하고 계시다. 그러기에 우리 안에는 모두 성스러움이 내재해 있다. 예수님께서 말씀하셨다. "그분께서 너희와 함께 머무르시고 너희 안에 계시다."(요한 14,17) 우리들이 나누는 사랑은 상대방에 내재해 있는 성스러움에 경의를 표함이요, 상대방에 내재하고 계신 하느님 사랑과의 일치이다. 누군가에게 죄를 짓거나 죄를 짓게 한다면, 그것은 내가 그에게 현존하고 계시는 하느님을 모욕하고 상처를 드리는 것이다. 왜 내가 죄를 지으면 예수님께서 상처를 받으시는 것일까? 그것은 내 안에 현존하시는 하느님께서 상처를 받으시기 때문이다. 따라서 회심은 바로 하느님의 상처, 곧 예수성심의 상처를 치유해드리는 것이다. 우리가 우리 안에 계시는 성령을 경외하지 않을 때 주님께서는 말씀하실 것이다. "사울아, 사울아, 왜 나를 박해하느냐?" (사도행전 9,4)

성령께서 우리 안에 내재하시고 우리는 성령 안에 존재하기에 우리 모두는 각 객체이면서 하나이다. 바오로 사도는 지체의 비유로 이를 쉽게 설명하고 있다.(1코린토 12,12-27 에페소 1,10) 어느 손가락이 아프든 모두 하느님의 아픔이며 상처이다. 그래서 예수님께서는 자신하게 하듯 서로 사랑하라고 말씀하시며 사랑의 일치를 강조하신다. 그것은 '자신에게 하듯이'가 아니라 자신을 사랑하는 것이기 때문이다. "우리는 성령 안에서 하나, 여러분은 모두 그리스도 예수님 안에서 하나입니다."(갈라티아 3,28) 따라서 이웃을 사랑하는 것은 곧 나를 사랑하는 것이요, 형제에게 한 것이 곧 나에게 한 것이다. 예수님께서 우리를 당신 자신처럼 사랑하신 것도 우리 모두 하나이며, 우리의 고통이 당신 자신의 아픔이기 때문이다. 따라서 하느님을 사랑하며 이웃을 사랑하지 않는 것은 거짓이다.(1요한 4,20) 하지만 세상은 하느님과 나, 너와 나, 이렇듯 주관과 객관을 분리함으로 해서 모든 불행이 시작되었다.

이웃의 아픔과 상처는 곧 그들 안에 내재하고 계신 하느님의 아픔과 상처이다. 허물 있는 형제를 비난하는 것은 하느님의 상처를 비난하는 것이다. 그러기에 우리는 선행을 실천하는 것이 아니라, 고통받는 하느님의 상처를 어루만지고 치유하는 것이다. 나를 불편하게 하는 사람은 내가 사랑을 실천해도 계속 나를 불편하게 할 것이다. 또 가난한 이웃에게 사랑을 실천해도 감사해하지 않을 수도 있다. 하느님의 상처이기 때문이다. 따라서 우리가 선한 일을 행하면 하느님께서 잘했다고 기특해하신다기보다는 고마워하시는 것이다. 우리가 당신의 상처를 어루만졌기 때문이다.

그래서 우리는 이렇게 말할 수 있다. "예수성심과의 일치는 나 자신과의 일치요, 형제와의 일치이다." 형제를 사랑하는 것이 곧 나를 사랑하는 것이요, 형제를 용서하는 것이 곧 나를 용서하는 것이다. 그것은 내 안에 현존하시는 하느님과 형제들 안에 현존하시는 하느님과의 일치이다. 우리가 소외되고 고통받는 형제들을 사랑하는 것은 상처 입으신 하느님을 사랑하는 것이며 그것은 곧 하느님의 상처를 치유해드리는 것이다. 그래서 그리스도인들에게 이웃을 사랑하는 것은 덕의 실천이기보다 하느님을 사랑하는 것이다.

성경에서도 형제에게 한 것이 곧 주님께 한 것(마태오 25,40.45)이며, 네 이웃을 네 몸처럼 사랑하라(마태오 19,19, 22,39, 마르코 12,31)시고, 형제에게 한 대로 네가 심판받을 것(마태오 7,1-2 루카 6,37 19,22)이며, "남이 너희에게 해 주기를 바라는 그대로 너희도 남에게 해 주어라"(루카 6,31)고 말씀하셨다. 우리는 성령 안에서 하나이기에 형제를 단죄하는 것이 곧 나를 단죄하는 것이요, 형제를 용서하는 것이 곧 나를 용서하는 것이요, 형제에게 해주는 것이 곧 나에게 해주는 것이다.

그래서 바오로 사도는 말한다. "그것들은 모두 이 한마디 곧 '네 이웃을 너 자신처럼 사랑해야 한다'는 말로 요약됩니다."(로마 13,9)

10) 예수님께서 돌아가신 후, 누가 예수님 곁에 남아 있었나?

수많은 군중들로부터 환호와 갈채를 받으시고 12제자를 비롯한 많은 제자들이 따랐던 예수님께서 돌아가신 후, 누가 끝까지 예수님 곁에 남아 그분을 지키고 있었던가?

예수님을 힘을 가지신 분, 우리를 축복해주시고 저주하실 수 있는 분, 우리의 병을 고쳐주시는 분, 초능력을 가지신 분이라고 생각했던 사람들은 모두 떠났다. 이제 그분은 돌아가시었기에 더 이상의 힘도 없고 더 이상의 축복도 저주도 없으며 아무런 능력이 없어 보이기 때문이다. 심지어 예수님을 전지전능하신 분, 창조주이시며 삼위일체 하느님이라고 믿었던 이들 조차 모두 떠났다. 더 이상 그분은 전지전능하시지도 않고 창조주 하느님이라고 믿을 수도 없기 때문이다. 머리로 예수님을 받아들였던 사람들은 그 모든 것들이 예수님의 죽음으로 묻혀버렸다. 예수님께서 돌아가신 후에도 여전히 그분 곁에 남아있었던 사람들은 다름 아닌 그분을 사랑했던 사람들이다. 머리가 아닌 마음으로 만났던 사람들이다.

우리는 무엇을 믿는 사람들이 아니라 누군가를 믿는 사람들이라고 했다.("We do not believe in something, but we do believe in someone." Thomas H. Green S.J.) 무엇(something)을 믿고 바라던 사람들은 모두 떠났다. 누군가(someone)를 찾던 사람들만이 남아 있었다. 예수님께서는 빵의 기적을 베푸신 후에 다시 찾은 사람들에게 이렇게 말씀하셨다. "내가 진실로 진실로 너희에게 말한다. 너희가 나를 찾는 것은 표징을 보았기 때문이 아니라 빵(something)을 배불리 먹었기 때문이다."(요한 6,26)

"머리로 그분을 믿지 말고, 마음으로 그분을 사랑하라."
이해는 머리에서 시작한다. 그것은 오래가지 않으며 이해하지 못하면 받아들이지 못한다. 마음은 오래가며 이해하지 못하는 것도 받아들인다. 사랑은 마음에서 시작한다. 우리의 믿음은 머리가 아닌 마음에서 비롯되어야 한다. 우리는 예수님의 사랑에 대한 지식과 정보가 아니라 예수님과의 사랑 체험이 필요하다. 종교는 지식이 아니라 체험이다.

> "그분을 족히 사랑할 수는 있지만 생각할 수는 없습니다. 사랑으로는 그분을 붙들고 차지할 수 있지만 생각으로는 결코 되지 않습니다."(《무지의 구름》 6장)

> "우리는 생각이나 지성을 통해 하느님을 알 수 없으며 생각으로 하느님과 일치할 수 없습니다. 우리가 그분과 하나 될 수 있는 것은 오직 사랑의 갈망을 통해서 입니다."
> (《Encounter, Not Performance》 14장)

예수성심은 우리 신앙의 원천이요, 여정이요, 목적이다. 따라서 우리는 그리스도교 영성의 심연(深淵)이며, 그리스도교 신앙의 시원(始原)인 예수성심의 뜨거운 사랑을 마음으로 하나 가득 체험하며 살아가야 할 것이다.

9. 예수성심 수호대

– 예수성심의 현존과 함께 하는 시간

예수성심 수호대 원형 시간표

프랑스 동부 브레스 지방의 성모 마리아 방문 수녀회 소속 마리아 베르노 수녀(1825-1903)는 어떻게 하면 그분께 위로를 드릴 수 있을까 방법을 찾다가 상처받으신 성심을 둘러싼 원형 시계의 환시를 내면에서 보게 된다. 이에 원형 시간표를 제작하고 이를 '예수성심 수호대'(The Guard of Honor/Hour of Presence of the Sacred Heart of Jesus)라고 명명했다. 공동체의 모든 수녀들은 각자 선택한 시간에 자신의 이름을 써넣고 예수성심을 위로해 드리는 시간을 가졌다. 이는 곧 교회에 널리 퍼지게 되었고 교황 비오 9세의 인가를 받게 된다.

예수성심 수호대 회원들은 하루 중 오전이든 오후이든 자신이 선택한 한 시간 동안 각자 본업을 유지한 채 감실 안에 현존하고 계신 예수님의 성심 곁에 마음으로 다가가 자신의 생각, 말과 행위, 기쁨과 고통을 봉헌하며 그분을 위로해 드린다. 이 시간 동안 회원들은 더 많이 예수님을 생각하고 그분과 일치된 삶을 살며 일상의 모든 일을 그분에 대한 사랑으로 행하는 것이다. 이는 그분의 사랑을 사랑으로 보답하며 성심을 위로해 드리고, 그분께 기쁨을 드리는 것이다. 그리하여 의식적이든 무의식적이든 하느님의 무한하신 사랑을 저버린 모든 이들을 위한 보속의 삶을 단순하고도 겸손하게 살아간다.

골고타 언덕의 십자가 아래에는 성모 마리아와 사도 요한 그리고 마리아 막달레나가 있었다. 바로 그들이 최초의 예수성심 수호대를 결성한 것이다. 그들은 상처 입은 성심을 바라보며 예수님과 하나가 되어 예수님과 함께 자신을 봉헌하고 사랑하는 마음으로 그분과 함께 고통을 받으며 그곳에 있었다. 따라서 회원들은 영적으로 주님의 십자가 아래에 자신을 있게 하여 예수성심을 에워싼 위로의 파수꾼이 되는 것이다.

예수성심 수호대는 국제적인 조직으로 이 신심 단체에 가입한 모든 회원들은 매일 한 시간을 예수성심께 봉헌함으로써 모든 이들을 위한 예수님의 사랑에 사랑으로 응답하도록 부르심을 받았다. 이 단체의 목적, 존립 이유, 이상은 상처받으신 예수성심을 위로해드리는 것이다. 이는 "동정을 바랐건만 허사였고 위로해 줄 이들을 바랐건만 찾지 못하였습니다"(시편 69,21)라는 구절로 요약된다.

> 🐝 '예수성심 수호대'는 경기도 연천에 있는 '성모 마리아 방문 수녀회'의 사도직으로 자세한 내용은 기도의 사도직 홈페이지 http://pwpnap.jesuit.kr 또는 다음 카페 자료실 http://cafe.daum.net/eaop을 참조하십시오.

10. 회원 가입 및 의무

기도의 사도직 회원들은 매일 아침 봉헌기도를 드리며 그날 하루 자신의 일상을 예수성심께 봉헌하고 교황님의 기도지향을 전 세계 신자들과 함께 기도드린다. 회원들은 특별히 하루의 삶을 성체성사와 하나 되어 그리스도의 사도로 살아감으로써 기도와 활동을 통합한다. 이로써 '내 삶의 현장이 곧 기도하는 장소'가 되는 것이다.

1) 회원 가입

기도의 사도직에는 아래와 같은 4단계의 회원이 있다.

(1) 일반회원: 개방된 참여 방식

이는 세례 받은 모든 이가 참여할 수 있는 방식으로, 매일 봉헌기도와 함께 매월 교황님 지향을 기도드리며 일상적인 신앙생활을 통해 참여하는 방식이다. 이러한 참여는 등록 없이 개인이나 단체 혹은 여러 교회 내 활동에서 자발적으로 행할 수 있다.

(2) 기사회원: 소셜 네트워크 서비스(SNS) 등록 회원

이는 기도의 사도직 한국사무소나 교구사무소와의 관계 형성이 요구된다. 회원들은 한국사무소나 교구사무소에서 준비한 활동(미사, 피정, 교육, 모임 등)에 참여하거나, 소셜 네트워크 서비스(SNS)를 통해 필요한 정보를 얻고 관련된 교육을 받는다. 개인적으로 참여할 때는 소셜 네트워크 서비스(SNS)나 한국사무소, 교구사무소를 통해 가입할 수 있으며, 단체 및 공동체로 참여할 경우는 한국사무소나 교구사무소에 연락을 취한다.

(3) 성심회원: 한국사무소(교구사무소) 등록 회원

기사회원 중 1년 이상의 교육과 피정을 수료한 회원들은 서약을 통해 성심회원이 될 수 있다. 이는 자신이 있는 삶의 자리에서 예수성심께 봉헌된 그리스도의 제자로 살아가는 사람들이다.

(4) 사도회원: 기도의 사도직 협력 회원

이는 성심회원 중 자신의 삶을 예수성심께 봉헌하고 그리스도의 사도로 일상을 살아가기로 서약한 회원들로서 3년의 교육과정과 피정을 수료해야 한다. 사도회원들은 기도의 사도직 협력자로서 그 영성을 신자들에게 전하고 교황님 기도지향을 전파하는 그리스도의 일꾼이며 일상에서 그리스도의 사도로 살아감은 물론 모임과 활동을 통해 세상에 예수성심의 사랑을 전하는 사람들이다.

서약 예수성심과 일치하여 그분의 사명에 더욱 투신하고자 하는 이들은 특별히 '예수성심께 드리는 봉헌'(consecration to the Heart of Jesus)을 서약한다. 이는 국가별 사무소에서 주관하는 일정 프로그램을 이수한 이들이 할 수 있다. 이를 통해 개인, 가족 혹은 공동체는 예수 그리스도께 더욱 가까이 가는 다짐의 계기가 될 것이며, 사도적 사명에 참여함으로써 의무감과 책임감을 갖게 된다. 서약은 국가별 사무소 프로그램을 통하거나, 사무소에 연락을 취한 후 지역별로 행할 수 있다. 이미 서약을 한 이들은 매달 첫 번째 금요일이나 자신의 생일 혹은 특별히 선택된 날에 자신의 서약을 자유로이 갱신할 수 있다.[23]

하지만, 일반회원처럼 스스로 기도의 사도직 회원이 되고자 하는 원의를 가지고 예수성심께 자신을 봉헌하며 아래의 의무를 다한다면 기도의 사도직 한국사무소나 교구 사무소에 등록되지 않더라도 누구든 기도의 사도직 회원이 될 수 있다.

2) 회원 의무

기도의 사도직 회원들은

1) 매일 아침 봉헌기도를 통해 예수성심께 그날 하루를 봉헌하고, 매월 교황님 기도지향을 기도드린다.

---

23 「A pathway with Jesus in apostolic readiness」 *Recreation of the Apostleship of Prayer* Document 1, 박병훈 譯, Rome, 2014.

2) 매일 저녁 하루를 마무리하면서 그날 하루를 성찰하는 시간을 갖는다. (양심성찰)
3) 매월 첫금요일 예수성심 신심미사에 참석한다. (본당에 신심미사가 없을 경우는 예수성심 신심미사의 지향을 가지고 일반 평일 미사에 참여) 이를 통해 전 세계 회원들과의 영적 일치를 이루고 함께 기도하고 있다는 연대감을 키운다.
4) 예수성심 대축일과 그리스도 왕 대축일 미사에 참석한다.
5) 기도의 사도직 네트워크에 참여: 인터넷 소셜 네트워크 서비스(SNS) 및 지역별, 단체별 프로그램(기도 모임, 양성 프로그램, 피정, 단체 활동 등)

위에서 1) **아침 봉헌기도와 교황님 기도지향**은 모든 회원들이 의무적으로 지켜야 할 사항이며, 나머지는 권장 사항이다. 하지만 2) **양심성찰**은 일상을 기도의 사도로 살아가는 데 있어 중요한 권장 사항이다. 따라서 회원들은 하루를 다음과 같이 보낸다.

3) 기도와 함께하는 일상의 삶 Living in Prayer[24]

회원들은 매일 세 번의 기도를 한다. 기도는 자신에게 영적 영감을 주고 부활하신 주님께 자신을 더욱 개방(사도적 유용성)할 수 있는 방식을 선택한다. 예수님 성화나 십자가 앞에서 기도를 할 수도 있고, 집 안의 어떤 장소를 택해도 좋다. 특정 기도문을 암송할 수도 있고, 디지털 음악이나 영상을 이용해도 좋다. 무엇이건 도움이 되는 만큼 그 수단을 이용한다.

- 아침기도 With Jesus in the morning 하루를 시작하면서 잠시 침묵하는 시간을 가지고 부활하신 예수님을 의식한다. 오늘 하루 일상의 삶을 살아가면서 예수님의 사명을 위해 더욱 마음을 개방할 수 있도록 하느님께 청하며, 자신과 오늘 하루 일상의 모든 것을 예수성심께 봉헌한다. 기도할 때는 자신만의 표현을 사용해도 좋고 기도의 사도직에서 제안하는 봉헌 기도문을 암송할 수도 있다. 그리고 인류와 교회가 당면한 도전과 요구에 응답할 수 있게 마음을 열도록 성령께 청하면서 이달의 교황님 지향을 기도드린다.

---

[24] 「A pathway with Jesus in apostolic readiness」 *Recreation of the Apostleship of Prayer* Document 1, 박병훈 譯, Rome, 2014.

매일 봉헌 기도

매일 봉헌 기도문

주 예수 그리스도여,
온 세상에서 봉헌되는 미사성제의 거룩한 희생제물과 하나 되어,
오늘 하루 저의 모든 기도와 일
그리고 기쁨과 고통을 당신께 봉헌하나이다.
특별히 영혼들의 구원과 죄의 보속
그리고 모든 그리스도인들의 일치를 원하시는
당신 성심의 거룩한 뜻을 위해 저의 오늘 하루를 봉헌하오니,
성령이시여, 이 봉헌이 참될 수 있도록 제게 사랑과 힘을 주소서.

사랑이신 나의 주님,
언제나 당신의 마음은 이 세상 모든 이들,
특별히 어려움과 고통 중에 있는 이들에 대한 연민으로 가득하시오니,
오늘 저희 또한 당신의 그 마음을 갖게 하소서.
그리하여 자신의 이기적인 관심에 사로잡히지 않고,
모든 이들 안에 계시는 당신의 현존에 저희 마음을 열게 하소서.

저는 복되신 동정 마리아와 세상의 모든 교회와 함께,
이 달의 교황님 기도지향을 위해 이 기도를 바치나이다. 아멘.

이 기도를 통해 하느님께서 오늘 하루 나의 일상에 거룩하신 성령의 불을 지피시어 평범한 하루의 일상이 거룩한 희생제물로 성화 되기를 청하는 것이다. 그리하여 아침 봉헌기도를 통해 그날 하루를 축성하며, 비록 매 순간 의식하지 못하더라도, 기쁨과 고통 그리고 소소한 일까지 오늘 하루 모든 일상의 삶을 기도로 승화시키는 것이다.

- **낮기도 With Jesus during the day** 길 위에서든, 정류장에서든, 집에서든, 직장에서든, 지금 내가 있는 곳에 주님께서 현존하고 계심을 의식한다. "나와 함께 낮에 일하고 밤에 파수를 서야 한다."(《영신수련》 93번, 성 이냐시오)는 말을 상기하며 주님을 향한 '사도적 유용성'을 새롭게 한다.

낮기도는 하루의 일상을 예수성심과 함께 하는 마음으로 살아가는 것이다. 만일 시간을 내어 특별한 기도를 하고자 한다면 아래와 같은 기도를 추천한다.

- 성체성사에 참여
- 복음 묵상 및 관상
- 성체조배

- 묵주기도
- 십자가의 길
- 예수성심 수호대
- 자비의 기도
- Click to Pray(휴대전화 앱 이용)
- '예수 그리스도 수난 15기도' 또는 '예수성심의 상처 7기도' 이 기도들은 특별히 예수님의 수난을 묵상하고 마음의 상처를 위로해드리는 기도이다. 우리가 1년 동안 매일 30분씩 혹은 12년을 매일 15분씩, 그분의 상처를 기억하며 그분의 마음을 공감하고 그분과 함께 한다면 얼마나 큰 위로를 받으실까! 세상의 인간관계에서도 누군가 내 마음을 공감할 때 우리는 얼마나 큰 위로를 받는가! 15기도나 7기도는 이렇듯 그분의 마음과 함께하며 그분을 위로해드리는 훌륭한 기도이기에 회원들에게 적극 추천한다.(기도문은 홈페이지 http://pwpnap.jesuit.kr 참조)

등 도움이 되는 어떤 기도든 택하여 드릴 수 있다. 하지만 무엇보다 중요한 것은 일상생활을 기도하는 마음으로, 기도 안에서 생활하는 것이다.(Living in Prayer) 따라서 위

추천 기도를 반드시 해야 하는 것은 아니다.

- **저녁기도 With Jesus at night** 하루를 마치면서, 잠시 침묵하는 시간을 통해 하루를 돌아본다.
  1) 오늘 하루 동안 예수님께서 어떤 방식으로 나와 함께 하셨는지 깨달을 수 있도록 성령께 은총을 청한다.
  2) 하루를 돌아보며 감사드릴 일들을 예수님께 봉헌한다. 특별히 나는 예수님의 사명을 위해 어떤 방식으로 '사도적 유용성'(그분의 사명에 마음을 개방)을 발휘했는지 오늘 하루를 돌아보며 감사드린다.
  3) 내가 그분의 일을 가로막았던 순간들을 돌아본다. 그리고 예수님께 자비를 청하며, 그분께서 나에게 오시어 내 마음을 변화시켜주시길 청한다.
  4) 내일은 그분 곁에 더욱 가까이 다가설 수 있도록 은총을 청한다.
  5) 예수님께서 나를 축복해주심을 느끼면서 기도를 마친다.

> 관련 글: 6. 기도의 사도직 영성 7) 양심성찰

기도의 사도직 회원들은 그리스도인으로서 기본적인 신앙생활을 충실히 한다.

- **성체성사** 우리는 성체성사 안에서 예수성심을 내적으로 체험한다. 성체성사는 우리가 예수님과 함께, 예수님처럼 살도록 가르치며 우리를 그분의 사명에 봉사하도록 이끈다. 따라서 우리는 성체성사 안에서 인류를 위해 자신을 봉헌하시고 성부를 향한 '유용성'의 온전한 모델이신 예수님의 현존을 체험한다.
- **성모님께 드리는 사랑과 봉헌** 성모 마리아는 사도적 준비성을 갖춘 모범으로서 그분의 마음은 예수님과 예수님의 사명으로 가득하셨다.
- **지속적인 양성** 양성은 기도의 사도직과 직접 관련된 주제(예수성심, 기도, 기도의 사도직 영성 등)나 그리스도교 신앙의 풍요로움을 담고 있는 주제(성경, 신학, 영성, 성사 등)가 될 수 있다.

11. '기도의 사도직' 프로그램

매월 첫 목요일 성시간 전례

"동정을 바랐건만 허사였고 위로해 줄 이들을 바랐건만 찾지 못하였습니다"(시편 69,21)

예수성심께서는 마르가리타 성녀께 발현하시어 겟세마니에서의 당신과 함께 하며 상처 받은 당신의 마음을 위로해 주기를 청하셨다. 이는 겟세마니 동산에서 예수님께서 "너희는 나와 함께 한 시간도 깨어 있을 수 없더란 말이냐?"(마태오 26,36-46 마르코 14,32-42)는 성경 구절에서 유래한다. 전통적으로 오후 11시 30분부터 12시 30분까지 목요일 밤에서 금요일로 넘어가는 시간에 기도를 드리지만, 같은 지향을 가지고 언제든 1시간 또는 적절한 시간 동안 예수님을 위로해 드리는 기도를 할 수 있다. 이때 성체조배를 할 수도 있고 감실 앞이나 다른 어떤 장소를 택해 기도드릴 수도 있다. 이 기도는 무엇보다 예수님을 위로해 드리는 기도이기에 청원 기도보다는 그저 상처받으신 그분의 마음과 함께 하는 것이 중요하다. "주님, 제가 지금 당신과 함께 하고 있습니다."라고 기도드리며… 특별히 성체조배는 그분 사랑 안에 머물며 그분을 위로해 드리는 기도이기에 모든 회원들에게 적극 권장한다.

매월 첫 금요일 예수성심 신심미사

예수성심께서는 마르가리타 성녀께 발현하시어 특별히 매월 첫금요일에 당신 성심을 기리는 미사를 봉헌할 것을 요청하셨다. 이에 기도의 사도직 회원들은 매월 첫금요일 예수성심 신심미사에 참석하며 전 세계 기도의 사도직 회원들과 마음의 연대를 이룬다. 주변 성당에 예수성심 신심미사가 없을 경우에는 예수성심 신심미사의 지향을 가지고 어떤 미사든 참석할 수 있다.

매월 첫 토요일 성모성심 신심미사

성모님께서는 파티마에서 발현하시어 특별히 매월 첫토요일에 성모성심 신심미사를 봉헌할 것을 요청하셨다. 이에 성모님을 사도들의 어머니로 모시고 있는 기도의 사도직 회원들은 어머니의 말씀에 따라 이 신심미사에 참석할 것을 권장한다. 가까운 성당에 성모성심 신심미사가 없을 경우에는 성모성심 신심미사의 지향을 가지고 어떤 미사든 참석할 수 있다.

매년 예수성심 및 그리스도 왕 대축일 전대사 미사

예수성심께서는 마르가리타 성녀께 발현하시어 매년 예수성심 대축일을 성체성혈대축일 다음 금요일에 지낼 것을 요청하셨으며, 이는 1856년 비오 9세에 의해 전 세계 보편교회로 전해졌다. 또한 1925년 비오 11세는 레오 13세에 의해 시작된 예수성심 대축일에 드리는 온 인류의 봉헌이 매년 갱신되기를 바라며 그리스도 왕 대축일을 제정하였다. 이에 기도의 사도직 회원들은 이 미사에도 참석할 것을 권장한다. 예수회센터에서는 매년 그리스도 왕 대축일에 전대사 미사를 봉헌하고 있다.

예수성심 수호대 '예수성심 대축일' 전대사 미사

매년 성모 마리아 방문 수녀회에서는 예수성심 대축일 전대사 미사와 특강이 있으며, 예수성심 수호대 서약식 및 갱신식이 있다.[자세한 일정은 예수성심 수호대 페이스북 참조]

기도학교

우리 그리스도교는 한 사람과의 인격적 만남을 통해 그분을 신뢰하고 따르는 종교이다. 무엇보다 우리의 신앙은 그분을 사랑하는 것이기에, 우리의 기도가 인격적 만남이 되기 위해서는 복음을 묵상하는 시간을 가져야 한다. 복음 묵상은 인간의 보편적 가치와 윤리 도덕 규범을 알기 위해서가 아니라, 그분이 어떤 사람인지를 알기 위해서이다.(Thomas H. Green S.J.) 예수님을 따라갔던 세례자 요한의 제자들은 하룻밤 사이에 놀라운 체험을 한다.(요한 1,35-42) 우리는 바로 그런 체험을 해야 한다. 그것이 복음을 묵상하는 이유이며, 이때는 내가 말을 하기보다 세례자 요한의 제자들처럼 그분의 말씀을 경청하며 지금 성령께서 내게 하시는 말씀이 무엇인지를 깨달아야 한다. 기도학교는 이렇듯 주님과의 인격적 만남을 위한 기도 실습 프로그램으로 이냐시오 영신수련의 복음 관상을 근간으로 하는 프로그램이다.

예수성심 강연 및 대피정

예수성심 성월인 매년 6월, 예수회센터에서는 기도의 사도직 회원들을 위한 피정과 강연이 있다. 이때 성심회원과 사도회원을 위한 서약 및 갱신식이 있으며, 함께 전대사 미사를 봉헌한다.

예수님과 인격적 만남을 위한 기도 모임(예인모)

하느님께서 사람이 되시어 우리 가운데 머무신다. 그래

서 우리는 이제 우리가 믿는 신을 사람으로 만난다. 우리 그리스도교는 2000년 전 나자렛에서 사셨던 예수라는 사람에게서 비롯되었다. 따라서 우리 신앙의 일차적인 목표는 그분을 인격적으로 만나는 것이다. 한 사람으로 그분을 만나야 한다. 그것은 그분의 마음, 예수성심과의 만남이기에 우리의 기도는 의례적 행위가 아닌 친밀한 인격적 만남이 되어야 한다.('Encounter, Not Performance' Frank Wallace, S.J.) 예인모(예수님과의 인격적 만남을 위한 기도 모임)는 이를 위해 우리의 신앙을 머리가 아닌 마음으로 내려오도록 하는 기도 모임이다.

기도의 사도직 회원 양성 프로그램

예수회센터에서는 기도의 사도직 회원들을 위한 양성 프로그램을 운영하고 있다. '성심회원'과 '사도회원'이 되기 위해서는 이 과정을 이수해야 한다. 과정을 끝낸 회원들은 '평생 양성 교육'을 통해 지속적으로 교육에 참여한다.

- 13. 회원 양성 프로그램 참조
- 지역별, 단체별 모임은 자체적으로 진행할 수 있다.
- 자세한 일정은 페이스북이나 인터넷 다음 카페 http://cafe.daum.net/eaop 공지사항 참조.

12. '기도의 사도직' 정례모임

각 단체별, 지역별 주간 및 월간 정례모임은 다음과 같이 진행하며, 상황에 맞게 변경할 수 있다.

1) 시작 성가: 예수성심 관련(가톨릭 성가 199-209, 509)
2) 매일 봉헌 기도(매월 교황님 기도지향)
3) 본 모임

본 모임에서는 아래 프로그램 중 선택하여 진행할 수도 있고, 도움이 되는 다른 프로그램을 자유로이 택할 수도 있다.

- 첫 금요일 예수성심 신심미사
- 교황님 기도지향 나눔(Pope Video, 인터넷 다음 카페 기도지향 해설, 개인 및 공동체 차원에서 기도지향을 일상의 삶에서 구체화하기 위한 방법 찾기 및 체험 나눔)
- 주일복음 묵상 및 나눔
- 성체조배
- 생활 나눔(나는 기도의 사도로서 어떻게 하느님의 나라를 일상에서 건설하였는가?)

- 기도의 사도직 자료 나눔
- 봉사활동
- 친교 나눔
- 기도 합송 (십자가의 길, 그리스도 수난 15기도, 예수성심의 상처 7기도, 묵주기도 등)

4) 예수성심께 드리는 기도[25]

지극히 거룩하신 예수성심이여,
저의 생명, 생각과 말과 행위,
그리고 아픔과 고통을 당신께 봉헌하오니,
제 존재의 지극히 보잘것없는 것조차
당신께 영광 드리고, 당신을 사랑하고 섬기는데
남김없이 쓰이게 하소서.

오, 지극히 성스러운 예수성심이여,
제 사랑의 단 한 분뿐인 임이시여,
제 생명의 보호자시며, 제 구원의 약속이시여,
제 죽음의 순간, 저의 피난처 되어주소서.

---

25 이 기도문은 마르가리타 마리아 알라코크 성녀가 예수성심 발현 후에 드린 기도이다.

예수 성심께 드리는 기도

지극히 아름다운 성심이여,
하느님의 옥좌 앞에 저를 의롭게 하시고,
제가 마땅히 받아야 할 그분의 분노로부터
저를 지켜주소서.

저의 모든 신뢰를 당신께 두오며,
저의 나약함을 당신께 의탁하오며,
오로지 당신의 관대하심에 저를 맡기나이다.

당신의 지고하신 눈에 어긋난 모든 것들을
저에게서 없애주시고,
제 심장에 당신의 신성한 낙인을 찍어주시어,
제가 결코 당신 곁을 떠날 수 없음을 잊지 않게 하소서.

간절히 청하오니,
당신의 관대하신 은총으로
제 이름 또한 생명의 책인 당신 마음에 새겨주소서.

저로 하여금 당신 영광을 위해 봉헌된
산 제물 되게 하시고,

지고지순하신 당신 사랑의 불꽃으로
저를 불살라주시며,
영원토록 저의 전 존재를 꿰뚫어 주소서.

이에 저의 모든 행복을 둘 것이고,
이것이 저의 온 원의가 될 것이며,
저의 살고 죽는 모든 것이
오로지 당신께 봉헌된 종이 되는 것 외에는
아무것도 없나이다. 아멘.

5) 마침 성가: 성모님 관련(가톨릭 성가 234-279, 522-527)

13. '기도의 사도직' 회원 양성 프로그램

기도의 사도직 '성심회원' 및 '사도회원'이 되기 위해서는 아래와 같은 총 3년의 양성 프로그램을 이수해야 한다.

1년 차 기도의 사도직 영성 준비 과정

- 기도의 사도직 영성 입문
- 기도 입문
- 일상을 살아가는 평신도 영성
- 제2차 바티칸 공의회 이후 평신도 영성
- 이냐시오 영성 입문

2년 차 기도의 사도직 영성 본 과정

- 기도의 사도직 영성
- 기도 실습(이냐시오 복음 관상)
- 예수성심 신심
- 양심성찰(이냐시오의 식별)
- 성심회원 서약

3년 차 기도의 사도직 영성 심화 과정

- 기도의 사도직 영성 심화
- 영신수련(일상과 함께하는 피정, 8일 피정)

- 그리스도교 영성의 문, 겸손
- 예수성심 신심 심화
- 사도회원 서약

위 과정을 마친 회원들은 다음과 같은 평생 양성 프로그램에 참여한다.

평생 양성 프로그램

- 매월 첫목요일 성시간 전례
- 매월 첫금요일 예수성심 신심미사
- 매월 첫토요일 성모성심 신심미사
- 예수성심 대피정(매년 6월)
- 매년 영신수련 피정
- 영신수련 강좌
- 성경, 신학, 영성 강좌
- 기도 및 독서 모임
- 기도의 사도직 주간 또는 월간 정례모임
- 마음의 길 Way of the Heart

1월	우리의 신원	기도의 사도직 영성
2월	1단계	태초에 사랑이 있었다
3월	2단계	불안하고 궁핍한 인간의 마음
4월	3단계	부서진 세상
5월	성모성월	사도들의 모후이신 성모 마리아
6월	예수성심성월	우리 신앙의 원천이요, 여정이요, 목적이신 예수성심
7월	4단계	구원을 위해 성부께서 성자를 보내시다
8월	5단계	우리를 친구로 부르시다
9월	6단계	그리스도께서 우리 안에 머무르시다
10월	7단계	그분을 따르며 우리의 삶을 봉헌하다
11월	8단계	연민의 사명
12월	9단계	인류의 긴박한 요구에 주목하는 기도와 봉사의 범세계적 네트워크

- 지역별, 단체별 모임은 자체적으로 진행할 수 있다.
- 자세한 일정은 페이스북이나 인터넷 다음 카페 http://cafe.daum.net/eaop 공지사항 참조.

당신의 심장을 내어주신 예수님의 찢겨진 가슴 (프랑스 파레-르-모니알)

이 성화는 18세기 Pompeo Batoni(1708-1787)의 작품으로, 이냐시오 성인의 집무실과 무덤이 있는 로마 예수성당 내 예수성심 경당에 모셔져 있다.